KB117727

최소한의 부의 세계사

최소한의
부의 세계사

자본주의 역사를 가장 쉽게 │ 이해하는 31가지 이야기

한정엽 지음

다산북스

추천의 글

세계 경제사에는 두 종류의 나라가 등장한다. 한쪽은 위기에 강하며 지속적인 성장을 기록하는 반면, 다른 한쪽은 위기에 쉽게 무너지는 모습을 보인다. 이를 가장 단적으로 보여주는 사례가 1997년 아시아 외환위기다. 태국에서 시작된 외환위기는 동아시아 대부분의 국가로 전염되었지만, 한국과 대만은 1인당 국민소득 3만 달러를 웃도는 선진국으로 거듭난 한편 빈곤에 허덕이는 나라도 적지 않았다. 왜 이런 차이가 벌어졌을까?

『최소한의 부의 세계사』는 이 의문에 결정적 힌트를 제공한다. 바로 1790년 미국 초대 재무장관 해밀턴 보고서 이야기다. 이 보고서에서 해밀턴은 독립전쟁 중에 발행한 채권의 원금을 그대로 지급해야 한다고 주장한다. 물론 일부 투자자는 원금 상환의 불확실성 때문에 채권을 헐값에 팔아 치웠고, 혹여 정부가 채권의 원금을 보장한다면 투기꾼의 배를 불리는 결과를 가져올 수도 있었다. 그러나 해밀턴이 보기에 정부가 채권자들과의 약속을 어긴다면 이는 사리에 맞지 않는 일이었다. 그 당시 미국은 영국 국왕이 북아메리카 식민지 사람들의 권익을 해치는 것에 분노해서 새로운 국가로 독립한 상황이었기 때문이다.

　　이후 해밀턴은 젊은 나이에 목숨을 잃어 더 많은 공헌을 하지 못했다. 그러나 그의 주장이 받아들여지면서 채권 투자자는 물론이고 국민도 정부를 더 신뢰하게 되었다. 정부가 국민의 재산을 보호한다고 약속하는 데 그치지 않고, 나아가 이를 실행한다면 어떤 위기가 오더라도 얼마든지 다시 일어설 힘을 갖게 된다.

　　다시 1997년 아시아 외환위기로 돌아가 보자. 거듭된 쿠데타와 약탈로 얼룩진 나라가 있었던 반면, 국민들이 금 모으기에 나서 위기를 극복한 우리나라의 기억이 교차한다. 이렇듯 한국이 신뢰의 기반 위에 선 나라를 만들 수 있었던 것은 매우 큰 행운이자 우리 국민 모두의 노력 덕분이 아닌가 생각한다. 이처럼 위기를 극복하는 나라의 비밀을 이 책이 소개하는 역사 속에서 만나보기를 권한다.

— 홍춘욱, 『돈의 역사는 되풀이된다』 저자

투자와 경제에 관한 공부는 복잡하고 어렵다. 그 내용 또한 매우 딱딱하게만 느껴지기 마련이다. 그렇지만 현실 세계는 자연 과학 영역과 달리 사전에 실험을 진행하는 게 불가능하기에 역사를 깊이 있게 공부하는 것이 중요하다. 그래서 우리는 과거의 사건들을 주의 깊게 살펴봐야 한다. 하지만 과거의 이야기는 어제의 날씨를 보는 것과 같아 따분하게만 느껴지며, 역사의 바다에 무작정 뛰어들어야 한다는 막막함이 우리를 주저하게 만든다.

저자는 이 책 『최소한의 부의 세계사』에서 뱅크런, 인플레이션 위기, 전쟁과 금융 시장의 흐름, 버블의 형성과 붕괴, 기술의 혁신과 발전, 금융위기에 이르기까지 기나긴 현대 금융의 역사에서 우리가 꼭 알아야 할 가장 중요한 이슈들을 31개의 흥미로운 스냅샷으로 제시하고 있다. 무엇보다 이 책의 백미는 마치 친근한 삼촌이 옆에 앉아서 흥미진진하게 말해주는 것과 같은 문체에 있다. 엑기스가 되는 금융의 역사를 쉽게 통찰해 보고자 하는 독자들에게 일독을 강력하게 권한다.

— 오건영, 『위기의 역사』 저자

누구나 알고 싶어 하지만 어려워서 쉽게 접하지 못하는 경제 이야기를 초보자도 알기 쉽게, 무엇보다 재미있게 안내해 준다.

우리의 삶과 떼어낼 수 없는 미국이란 국가의 역사와 흥미로운 인물들의 활약, 이에 더해 자본주의 사회를 살아가는 우리가 꼭 알아야만 하는 경제까지. 이 세 가지 주제를 이토록 눈에 쏙쏙 박히게 풀어낼 줄이야!

친구나 연인, 가족과 함께 저녁 식탁에서 나눌 흥미로운 대화거리는 물론이고 역사 교양과 경제 실용이 한 권에 담겨 있다. 이 모든 것을 갖춘 이런 책은 안 보면 손해!

― 류승완, 영화감독

프롤로그

우리는 왜 경제의 '역사'를 알아야 할까요?

지금 나에게 닥친 경제 문제를 해결하기도 벅찬 게 사실입니다. 물가는 끝을 모르고 오르고, 돈을 모으는 일은 쉽지 않습니다. 세상은 금리와 부동산 문제로 떠들썩한데, 투자로 한순간에 경제적 부를 쌓는 일은 남에게 일어나는 기적처럼 느껴지기도 합니다.

당장 오늘의 상황이 심각한데, 지금 오래된 역사적 사실을 마주해야 하는 이유는 무엇일까요?

놀랍게도 인류의 경제 위기는 반복되고 있기 때문입니다. 특히 경제의 역사는 단순한 옛이야기로 취급되지 않습니다. 자본주의의 전개, 대공황의 원인, 스태그플레이션의 시작점 등이 오늘의 사회를 만들어냈다고 볼 수 있습니다. 경제사의 전환점을 살피며 위기의 전조를 이해할 수 있어야 더 현명한 결정을 내릴 수 있습니다. 아울러 돈의 흐름을 알아야 역사를 온전히 이해할 수 있습니다.

돈의 흐름을 알기 위해서는 특히 미국의 경제 역사를 중점적으로 살펴봐야 합니다. 왜 그럴까요? 미국은 세계 최고의 경제 대국으로, 미국에서 시작된 경제 현상이 전 세계 돈의 방향을 뒤바꾸기 때문입니다.

사실 미국은 돈으로 세워진 나라입니다. 더 큰 부를 찾아 떠난 이들이 아메리카 대륙에 도착했고, 더 나은 경제적 상황을 추구한 이들이 아메리카 대륙으로 이주하여 미국을 건설했습니다. 영국의 식민지였던 미국이 독립한 것 역시 지나친 세금 징수에 반발한 보스턴 차 사건이 계기였습니다. 그 이후에도 미국과 세계의 역사를 뒤흔든 건 바로 돈이었습니다. 부의 흐름을 알아야 비로소 세계의 전개를 파악할 수 있습니다.

지금 이 순간에도 상상하기 힘들 정도로 많은 자금이 미국 월스트리트로 모이고 있습니다. 또 미국 연방준비제도에서 금리를 조정하면, 그 즉시 우리나라도 영향을 받습니다. 국내 금융권의 대출 및 예금 이자율이 변화하기 때문입니다. 미국의 선택이 내 지갑 속 돈의 가치를 좌지우지하는 셈이니, 미국이라는 금융 대국의 상황을 모르는 채 살아갈 수 없습니다.

이 책은 역사 사건이 발생한 순서대로 쓰이지 않았습니다. '경제'라는 키워드로 역사를 바라본 도서이기 때문입니다. 그래서 가장 흥미롭게 느껴지는 부분 위주로 읽어도 괜찮다는 말을 전하고 싶습니다. 다만, '들어가기에 앞서'를 먼저 읽는다면 미국이라는 나라에 대한 기본 지식을 가지고 본문 내용을 이해해 나갈 수 있을 것입니다.

1장에서는 중앙은행의 역할과 그 형성 과정을 살펴보려고 합니다. 중앙은행이 왜 필요한지, 어떻게 발생했는지 알아보는 장입니다.

2장에서는 화폐 패권에 대해 다뤘습니다. 화폐가 세계 경제에 어떤 영향을 미치는지, 달러는 어떻게 기축통화가 됐는지, 그 과정을 살펴볼 수 있을 것입니다.

3장에서는 자본주의를 바라보는 두 진영을 소개하고 있습니다. 어떻게 돈 문제를 해결할 것인지, 그 답을 함께 찾아봅시다.

4장에서는 인간의 욕심이 불러온 경제 위기를 알아봅니다. 한순간의 선택이 어떻게 국가적 위기로 번지게 되는지, 경제가 휘청이게 되는 원인은 무엇인지를 이해하는 데 도움이 될 부분입니다.

5장에서는 내일의 부를 만드는 미국의 전략을 살펴봅니다. 부의 흐름이 어떻게 이어지는지 확인해 볼 수 있는 장입니다.

각각의 장에서 돈의 역사가 어떻게 형성되었고, 어디로 흘러가는지 그 흐름을 볼 수 있을 것입니다. 또 하나의 사건이 어떻게 다른 사건을 불러일으키는지 그 연결고리를 찾는 재미도 느껴보기를 바랍니다.

제가 경제사를 다룬 책을 써야겠다고 결심한 데에는 또 다른 이유가 있습니다. 바로 제 아이들을 보며 느낀 바가 있기 때문입니다.

저에게는 세 명의 자녀가 있습니다. 이제 막 사회로 첫걸음을 뗀 큰딸과, 대학 졸업을 앞둔 둘째 딸, 입시를 준비하는 막내아들. 이 세 사람 모두 역사에 대한 이해도도 높고 관심도 큽니다. 학교 수업을 듣고 학교 시험을 준비하는 것만으로도 충분히 역사를 좋아하는 사람으로 자랄 수 있었습니다.

하지만 아이들과 대화를 하다가 학교에서 강조한 내용에서 조금이라도 벗어난 질문을 던지면 곧장 엉뚱한 답변이 돌아오곤 합니다. 역사적으로 중요한 지식이고 세계사에 큰 영향을 미친 사건에 관해 이야기를 나누고 있는데도 그랬습니다. 자녀의 이런 모습을 보며, 무엇보다 경제사의 핵심적인 내용을 꼭 알려줘야겠다는 결심을 하게 됐습니다. 이 책은 저의 자녀들에게 역사를 쉽고 재미있게 알려주고자 하는 아빠의 마음으로 집필했습니다. 그래서 본문에서는 평어를 사용하여 독자의 이해를 돕고자 합니다.

돈 고민으로 머리가 아픈 모두에게 이 책이 조금이나 도움이 되었으면 합니다. 우리나라의 경제와 가장 밀접한 미국의 이야기를 보며, 여러분도 경제 흐름에 대한 이해를 높이고 감을 잡아가기를 바랍니다.

차례

Chapter 1 은행

은행은 어떻게 미국을 죽였다 살렸나

Chapter 2 달러

세계를 지배한 녹색 종이 쪼가리의 탄생

Chapter 3 금융정책

자본주의 대전쟁, 케인스주의 vs. 신자유주의

Chapter 4 경제 위기

인간의 욕심은 끝이 없고
누구나 같은 실수를 반복한다

Chapter 5 기술 발전
초강대국 미국을 만든 5가지 기술

세상에서 가장 가난한 나라
미국의 탄생

지금 현대 사회가 누리고 있는 부는 어디서 시작된 걸까? 이 질문에 대한 답을 얻으려면 경제의 역사를 살펴봐야 해. 그것도 미국이라는 나라를 중심으로 말이야.

미국은 세계 인구의 고작 5% 정도를 차지하고 있지만, 국내 총생산 규모로는 지구상의 25%를 담당하고 있는 경제 대국이야. 더구나 전 세계 자본의 50% 이상을 공급하는 뉴욕의 월스트리트는 '금융의 제왕'이라 불릴 정도로 세계에 막강한 영향력을 행사하고 있어. 알다시피 미국의 역사는 그리 길지 않아. 그런데도 전 세계 초강대국의 자리에 올라 있지. 여기서 초강대국이란 단순히 군사적인 우위를 뜻하는 게 아니야. 미국은 금융과 자본의 힘으로 세계 대부분 국가에 막강한 영향력을 발휘하고 있거든. 우리나라도 예외는 아니야. 시가총액 상위권 회사들의 자본 조달은 물론 국가 간의 국채 거래, 자본 공급이 월스트리트에서 이루어지고 있어. 또 미국의 화폐인 달러가 수많은 국가의 무역 활동에 결제 수단으로 쓰이고 있지.

나아가 미국의 중앙은행 격인 '연방준비제도Fed(일명 연준)'는 공개시장위원회FOMC를 통해 이자율(금리)을 조정하고 있어. 이 행위는 우리의 경제생활에 막대한 영향을 끼치는데, 미국의 월스트리트로 모인 전 세계 자금이 공개시장위원회에서 결정한 금리에 따라 움직이기 때문이야. 이렇게 미국에서 금리가 오르면 우리나라도 이에 발맞춰 대응을 하지. 보통 미국 금리에 따라 국내 기준금리를 올리거나 내리는 일이 많아. 국내 금융권의 대출과 예금 이자율도 금리와 연관이 깊어. 금리가 올라 이자율이 오르면 은행 대출을 받은 사람은 이자를 더 내야 하고, 저축을 한 사람은 이자 소득을 더 얻는 현상이 발생해. 시중의 돈이 은행으로 몰리겠지. 반대로 금리가 내려 이자율이 따라 내려가면 대출 이자는 줄어들고 저축을 한 사람은 돈을 찾아 다른 투자할 곳을 물색하게 돼. 즉 은행의 돈이

밖으로 나와 시중에 풀리는 거야.

결국 미국에서 시작된 경제적인 현상이 우리 돈의 방향을 바꾸는 셈이야. 아울러 이는 장기적으로 인플레이션에도 영향을 끼쳐서 내 지갑 속 돈의 가치도 좌지우지한다고 볼 수 있어.

그러면 이런 커다란 영향력을 가진 미국의 경제는 과연 언제부터, 어떻게 강력한 힘을 가지게 된 것일까? 미국이라는 국가는 처음부터 이런 힘을 갖고 있었을까? 아니면 국가가 성장하면서 다른 나라에서 이 힘을 가져온 걸까? 아니면 스스로 만들어낸 걸까? 바로 여기서부터 우리의 여정을 시작해 보자.

❶ 탐험: 아메리카 대륙에서 더 큰 부를 찾다

'작은 나비의 날갯짓이 지구 반대편에서 거대한 태풍을 일으킨다' 는 말이 있지. 오늘날의 부와 경제, 화폐와 금융시스템은 약 500년 전 한 탐험가의 아주 작은 날갯짓에서 시작됐다고 볼 수 있어.

영국에서 산업혁명이 일어나기 이전에는 한 나라가 부를 순식간에 늘릴 수 있는 방법이 그리 많지 않았어. 모든 나라가 돈을 벌고 싶어 했지만 한계가 있었지. 그래서 두 가지 방법 중에 하나를

택해야 했어. 첫 번째 방법은 다른 나라와 전쟁을 벌여서 승리를 거둔 뒤 정복지를 약탈하거나 패전국으로부터 배상금을 받아 오는 것이고, 또 다른 방법은 배를 타고 외국으로 나가서 그 지역의 특산품이나 희귀품을 가지고 돌아와 이윤을 남기고 파는 것이었지. 이 두 가지가 초창기 자본주의 구조가 만들어지기 이전까지 부를 축적하는 가장 빠른 방법이었어.

두 방법 중에서 전쟁은 여러 가지 제약이 많았어. 이기기만 하면 크게 남는 장사였지만, 혹시라도 지게 되면 그에 따르는 손해가 너무도 컸지. 반면에 교역을 통해 돈을 버는 방법은 상대적으로 위험이 아주 적었어. 그런데 문제가 하나 생긴 거야. 유럽의 대장 역할을 하던 동로마제국이 멸망하면서 이슬람제국에 의해 아시아와 유럽을 잇는 육상 교역로가 사실상 막히게 됐거든. 그래서 유럽인들이 배를 타고 바닷길을 개척하기 시작한 거야.

당연히 무역 거래를 하던 각 나라의 상인들이 이 일에 열의를 보이고 앞장섰는데, 우습게도 겁이 난다며 직접 바다로 나가지는 않았어. 대신 상인들은 자본을 모아 일종의 '개척단'을 꾸려서 해상 무역에 도전했지. 당시 개척단의 리더 중 한 사람이 바로 크리스토퍼 콜럼버스Christopher Columbus야. 콜럼버스는 스페인 왕국에서 투자를 받아 항로 개척에 나서게 돼. 이 무모하고도 도전적인 청년

이 품었던 꿈은 다음과 같았어.

첫째, 새로운 미지의 세계를 찾는 것. 둘째, 그곳에 복음을 전파하는 것. 셋째, 황금을 찾아 경제적 성공을 이루는 것이었어. 세 번째 이유는 오늘날 우리가 꾸는 꿈과도 닮아 있지? 콜럼버스에게도 이 이유가 가장 중요했는데, 아무도 생각하지 못한 방법으로 일확천금의 기회를 얻고 싶은 건 시대를 초월한 마음인가 봐.

이러한 열망을 갖고 콜럼버스는 1492년부터 1504년까지 10여 년간 네 차례에 걸친 탐험을 떠나. 하지만 결코 쉬운 여정은 아니었어. 첫 번째 항해에서 그는 미지의 세계를 발견하는 일에는 성공했어. 하지만 간절히 원했던 엄청난 양의 황금을 찾아내지는 못했지. 이어진 세 차례의 탐험에서도 사실상 경제적 성공을 거두지는 못했대. 그가 간절히 원했던 부귀공명의 꿈은 무너졌다고 볼 수 있지.

더구나 그는 자신이 도착한 대륙을 인도로 착각했다고 해. 죽을 때까지도 진실을 몰랐고. 그러다 콜럼버스의 뒤를 이은 이탈리아 탐험가 아메리고 베스푸치Amerigo Vespucci가 콜럼버스가 다다른 곳은 인도가 아닌 완전히 새로운 대륙이라고 밝혔어. 그렇게 그 땅에는 아메리고의 이름을 본떠 '아메리카'라는 이름이 붙었지.

❷ 개척: 담배 재배에서 시작된 미국의 역사

콜럼버스가 신대륙을 발견한 이후, 유럽에 살던 사람들이 새로운 기회를 얻어 부를 이루고자 본격적으로 아메리카로 이주하기 시작했어. 왜 이들은 잘 살던 고향을 버리고 낯선 아메리카 땅으로 이동을 결심하게 됐을까?

이 시기의 유럽은 인구가 증가하기 시작했고 남아 있는 경작지가 나날이 줄어드는 상황이었지. 경제가 농업 중심으로 이루어져 있어서 늘어난 인구가 한정된 땅에서 넉넉하게 지내기는 힘든 구조였어. 한 해 동안 거둘 수 있는 수확물의 양이 정해져 있었거든. 더구나 아직 석탄이 쓰이기 전이라 생활에 필수적으로 필요한 산림자원(목재)도 계속 감소하고 있었지.

이러한 상황에서 중세 봉건주의 영주 계급의 무리한 수탈이 이어졌어. 심지어 농지의 수익성이 낮다는 이유로 기존 소작농들의 경작지를 빼앗아 그 땅에 양을 길러 양털을 생산하기 시작했어. 같은 크기의 땅일지라도 거기서 농작물을 기르는 것보다 양을 키워 양털을 팔면 훨씬 더 큰돈을 벌 수 있었거든. 하루아침에 농사짓던 땅을 잃은 농민들은 도시로 몰려들었고, 유럽은 가난한 사람들로 넘쳐나게 됐지.

게다가 스페인이 해외 식민지에서 수탈해 온 많은 금과 은이 유럽에 한꺼번에 유입되면서 순식간에 화폐량이 늘어났고 생필품 가격은 폭등하게 돼. 일부 역사학자들은 이를 '가격 혁명'이라고 부르기도 했어. 그만큼 짧은 기간에 물가가 엄청나게 상승한 거지. 이런 상황에 땅도 없고 돈도 없는 유럽의 도시 빈민들이 어떤 생활을 이어갔을지는 상상조차 하기 힘들어. 유럽의 주요 도시는 실업자로 인산인해를 이루었지.

바로 이 시기에 스페인과 포르투갈의 식민지 정책 성공에 배아파하던 영국 정부가 큰 결심을 했어. 영국도 신대륙에 식민지를 건설하기로 결정한 거야. 이는 런던 거리를 배회하던 실업자와 빈민들에게 희소식이었어. 이들을 모아 아메리카로 이주를 보내는 걸 본격적으로 시도한 곳도 나타났지. 바로 '버지니아 회사Virginia Company'였어. 이 회사는 1606년 북아메리카에 식민지를 건설하라는 제임스 1세의 칙령을 받아 만들어졌어.

이 버지니아 회사를 통해 새로운 세계인 북아메리카로의 이주가 시작된다고 하자 처음에는 너도나도 희망자가 모였지. 좁은 유럽을 벗어나 넓은 곳으로 이주하여 그곳에서 금이나 은과 같은 막대한 양의 보물을 발견할 수 있을 거라는 믿음을 갖고서 말이야.

하지만 처음 미국으로 건너간 이들이 바로 정착에 성공한

버지니아 회사의 문양

건 아니었어. 유럽과는 토양과 기후도 다른 데다 낯선 지역에 대한 제대로 된 정보가 없다 보니 풍토병에 걸리기도 했고, 먹을 것이 부족해 굶주림에 시달리기도 했어. 그 땅에서 오랫동안 살아온 아메리카 원주민의 습격을 받기도 했지. 이후 농업에 익숙한 이민자들이 건너오면서 본격적인 정착지가 만들어지기 시작했어. 메이플라워호가 이민자들을 싣고 최초로 미국에 도착한 것으로 많이 알려져 있는데, 사실은 그렇지 않아. 그 전에 이미 도착해서 정착촌을 만들어

놓은 사람들이 있었고, 그들이 바로 버지니아 회사를 통해서 들어온 사람들이야.

이렇게 영국 정부가 버지니아 회사를 내세워 낯선 북아메리카 지역에 이주민을 정착시키려고 했던 목적은 무엇이었을까? 새로운 땅에서 이윤을 창출하려고 했던 거야. 어찌 보면 당연한 이유지. 사람이 많은 유럽보다 아무도 없는 낯설고 새로운 곳에서 돈벌이를 찾는 게 오히려 더 쉬울 수 있다고 생각한 거지. 그래서 버지니아 회사는 돈을 벌 수단을 찾기 위해 여러 시도를 거듭하지. 그리고 마침내 하나의 해결책을 찾아내게 돼.

그 답은 바로 담배 재배였어. 당시 담배 재배가 가능한 지역은 아메리카 말고도 서인도제도가 있었어. 하지만 그렇게 수입해온 담배의 가격은 비싸도 너무 비쌌어. 머나먼 생산지에서 출발해 여러 나라를 거치다 보니 당연히 그 가격이 높아질 수밖에 없었지.

바로 이때, 존 롤프John Rolfe라는 사람이 최초로 북아메리카의 버지니아 지역에서 담배 재배에 성공한 거야. 기존에 이곳에서 생산된 담배는 유럽인의 기호에 맞지 않아서 사실상 무용지물이었는데, 식민지의 식물과 교배를 해서 새로운 품종을 개발해 냈어. 유럽인의 취향에 딱 맞는 담배 재배에 성공한 거지.

이후 1618년에 약 9톤 정도의 양을 영국으로 수출하는 데 성공했고, 이후에도 담배 수출은 꾸준히 증가해. 4년 뒤에는 수출하는 양이 세 배로 늘어났고, 1638년경에는 기존의 담배 수출지인 서인도제도를 넘어설 정도로 어마어마한 인기를 얻게 되면서 유럽의 최대 담배 공급지로 떠오르게 됐어.

이렇게 담배 사업이 북아메리카 버지니아에서 엄청나게 큰 성공을 거둔 이유는 무엇이었을까? 날씨가 좋고 재배할 수 있는 토지가 많아서? 그것도 하나의 중요한 요인이지만, 사실 가장 큰 이유는 이주를 담당했던 버지니아 회사의 토지 정책에 있었어. 유럽에서 북아메리카로 이주를 하게 되면 약 20만 제곱미터의 땅을 무상으로 나누어 주었다고 해. 물론 이주자는 정해진 기간 동안 회사

미국의 담배 농장

에 노동을 제공해야 했지만, 약속한 기간이 지나면 그 토지는 이주자의 소유가 됐어. 이 방법은 엄청난 인기를 얻었지.

또 이곳에 먼저 정착해 담배 농사를 짓고 있던 사람들의 경영 방식도 한몫 거들었어. 신규 이주민이 들어올 때마다 농장주들은 그들의 이주 비용을 대신 지급하고 계약제 하인으로 고용했어. 새로 이 지역에 들어와 계약제 하인이 된 이주민들은 정해진 계약 기간이 지나면 자유민이 되어 토지의 소유권을 얻을 수 있었어. 이러한 운영 방식으로 담배 농장의 규모는 커져갔고, 이곳의 인구는 점점 더 늘어났지. 이에 더해 아프리카의 흑인 노예가 미국으로 들어오면서 인구수도 더 늘어나고 경작지의 규모도 커지게 됐지.

❸계급: 미국 노예제도의 출발점

흑인들이 처음부터 강제 노역에 시달린 건 아니야. 처음에는 흑인들도 계약제 이주민처럼 일정 기간이 끝나면 자유로운 신분을 가질 수 있었어. 하지만 시간이 흐를수록 노예를 통해 얻는 경제적 이익을 쉽게 포기하지 못하는 농장주가 늘어났어. 또 축적되는 경제 규모에 따라 자연스럽게 생성되는 신분 계급의 이기심까지 겹치며 흑인 노예의 수는 계속 증가하게 돼. 사실상 미국 내 노예제도의 시작점이라 할 수 있지.

담배 수출로 막대한 돈을 번 식민지인들은 서서히 생존을 걱정하는 분위기에서 벗어나 삶의 여유를 즐기는 경지까지 이르러. 당연히 자체적인 문제 해결을 위한 장치와 시스템도 자연스레 고민하게 돼. 다른 유럽 국가와 달리 영국 사람들은 정부의 통제보다 개인의 권리를 더 중요시했어. 이주민들도 이런 성향을 띠고 있었지. 결국 버지니아 이주민들은 개인의 권리를 최대한 보장받되, 식민지 내 지역적인 문제는 자체적으로 해결하는 방법을 만들기로 결심하게 돼.

드디어 1619년 7월 이주민들은 제임스타운의 한 교회에서 모임을 열고 '버지니아 하원'이라 불릴 대표 회의를 구성해. 영국 왕실로부터 완전히 법적인 권한을 부여받은 것은 아니었지만 버지니아의 자체적인 여러 문제를 직접 해결할 입법 기관의 모습을 갖춘 셈이지. 식민지 스스로 자생적인 국가의 모습을 만들어 가는 과정 중 하나였어. 식민지 내에서 민주주의가 시작된 지점이라고 볼 수 있겠지?

그런데 여기에 참 아이러니한 부분이 있어. 미국의 민주주의와 노예제도가 동시대에 나란히 발달했다는 거야. 자율적이고 민주적인 미국의 분위기는 이후 북부 상공업의 발전에 밑바탕이 됐어. 그리고 계급 차별의 대명사라고 할 수 있는 노예제도는 미국 남부 경제를 지탱하는 큰 축으로 자리 잡게 돼.

❹ 월스트리트: 세계 금융 중심지의 시작

미국에서 가장 큰 도시는 어디일까? 여러 도시가 떠오르겠지만, 정답은 뉴욕이야. 이곳은 미국을 넘어 세계 문화의 중심지이고, 또 경제의 중심인 월스트리트가 있는 곳이지. 미국 4대 지상파 방송국 중 세 개의 본사가 위치한 곳이기도 해. 그만큼 무시할 수 없을 정도로 영향력이 큰 도시야.

그럼 뉴욕의 시작은 어떠했을까? 버지니아처럼 영국에서 건너온 이민자들이 세운 도시일까? 아니야. 뉴욕은 네덜란드의 식민지로 출발했어. 처음 이 지역을 개척한 건 네덜란드인들이었어. 모피 수출을 하기 좋은 허드슨강이 있는 이 지역에 식민지의 기반을 세운 거야.

그래서 뉴욕의 초창기 이름은 뉴암스테르담New Amsterdam 이었어. 나중에 이곳을 점령한 영국의 지배를 받으면서 뉴욕New

York(영국 왕 찰스 2세의 동생인 요크 공의 이름을 따서 지은 것으로 '새로운 요크'라는 뜻)으로 이름이 바뀌게 돼.

뉴욕에 식민지를 건설할 당시 네덜란드는 유럽에서 금융 산업이 가장 발달한 곳이었어. 세계 최초의 증권거래소 설립은 물론 활발한 주식 거래, 보험 거래, 채권 발행, 주식회사 설립 등 경제적 이익을 위해 발 빠르게 금융의 기본적인 활동을 제도화한 나라였지. 당시 스페인에서 독립한 네덜란드는 하나의 주권 국가로 급격히 성장하고 있었는데, 귀족과 평민이라는 신분제를 없애는 것은 물론 종교적 영향력에 강제성을 두지 않기로 유명했지. 이 영향으로 정치·경제·사회적으로 자유 사상이 널리 퍼져 있었어. 부에 대한 관심 역시 누구에게도 뒤지지 않을 정도였어. 오죽하면 뉴암스테르담을 처음 개척할 때, 네덜란드인이 먼저 세운 것이 교회가 아닌 상점이었을까. 심지어 이 지역에는 이후에도 100년 동안 교회가 세워지지 않았지.

뉴암스테르담의 지리적 이점과 경제적 번영은 영국을 끊임없이 자극했어. 뛰어난 항구 조건을 갖춘 뉴암스테르담을 가만히 놔둘 수가 없었던 거야. 결국 영국은 제1차 영국-네덜란드 전쟁(영국의 올리버 크롬웰이 항해조례를 선포하고 해상무역의 우위를 선점하기 위해 1652~1654년에 벌인 전쟁으로, 영국은 당시 최고의 함

맨해튼을 가로지른 방벽의 모습

대였던 네덜란드 해군에 승리하고 웨스트민스터 조약을 맺음)을 일으켰고, 1664년에 결국 이곳 뉴암스테르담을 점령하기로 결심했어.

영국군이 침공하기 전, 군인 출신이었던 이곳의 총독 페터르 스토이베산트Peter Stuyvesant는 영국인의 침입을 예상하고 있었지. 어떻게 하면 영국의 공격을 막아낼까 고심하다가 묘책을 하나 생각해 냈어. 북쪽에서 공격해 올 영국군에 대비해 맨해튼의 남쪽에 나무로 긴 방벽을 만드는 것이었지. 맨해튼을 동서로 가로지르는 도로에 길이 5미터의 나무를 1.2미터 깊이로 촘촘히 심어 방어막을 세운 거야. 그 길이가 장장 800여 미터에 달했지.

하지만 영국인들도 바보가 아니었어. 영국군은 뉴암스테르담이 경계를 소홀히 하고 있던 허드슨강 남쪽 기슭을 손쉽게 점령해 버렸지. 육군 출신이었던 스토이베산트가 영국 해군의 잠재력을 무시한 결과였어. 단번에 도시를 빼앗길 처지에 몰린 스토이베산트

총독은 끝까지 싸우려고 했지만, 자신들의 재산을 지키고 싶었던 지역 상인들의 요구에 따라 항복하게 돼. 명분보다는 실리를 추구한 것이지.

이후 맨해튼에 설치된 나무 벽wall은 그대로 땅에 묻힌 채 방치되다가 30여 년 뒤에 뉴욕 트리니티교회가 세워지면서 철거됐어. 하지만 나무 벽을 쌓을 때 그 안쪽에 생겼던 폭 30여 미터의 길은 그대로 남았어. 본래는 군대의 이동 통로로 사용되던 길이었지. 이 통로를 이용해 동서를 가로지르는 도로가 만들어지면서 '월스트리트Wall Street'라는 명칭이 붙었어. 이게 바로 전 세계 경제를 좌지우지하는 월스트리트의 시작이라고 할 수 있지.

뉴욕을 대표하는 월스트리트 지역은 18세기 후반부터 19세기 중반 사이에 뉴욕 증권거래소 등 다양한 금융기관이 들어서면서 하나의 고유명사처럼 불리기 시작했어. 나스닥을 비롯해 거대 금융사, 투자은행 같은 대형 금융기관과 기업들이 몰려 있어 미국 금융시장의 중심지이면서 세계 금융의 핵심과도 같은 곳으로 일컬어진 거야.

오늘날 월스트리트의 위상은 어느 곳보다 높고, 세계에 미치는 힘도 강력하지. 전 세계의 투자 자본이 이곳을 거쳐 다른 나라로 이동한다고 볼 수 있을 정도로 금융계에 미치는 영향이 대단해.

하나의 예로 2008년 월스트리트에서 금융위기가 발생하자 전 세계 경제가 한순간에 침체에 빠졌을 정도였어. 주식 관련 뉴스에도 매일 뉴욕 증권거래소의 주가지수나 경제 동향이 빠지지 않고 나오는 것은 이런 이유 때문이야. 월스트리트는 한마디로 세계 경제의 수도라고 할 수 있지.

❺세금: 참을 수 없는 법

'모든 인간은 평등하게 태어났다'라는 말은 한 번쯤 들어봤을 거야. 이 유명한 문구는 어디서 나왔을까? 바로 미국이 국보처럼 소중히 여기는 '독립선언서'의 한 구절이야. 이 독립선언서는 영국의 통치에서 벗어나기 위해 독립전쟁을 시작하던 무렵 작성됐지.

　　미국 독립전쟁의 발단이 된 일로 유명한 '보스턴 차 사건'을 떠올리는 사람이 많지만, 이 사건이 일어나게 된 시대적 배경과 '7년 전쟁(1756~1763년 동안 벌어진 전쟁으로 영국의 도움을 받은 프로이센이 오스트리아, 프랑스에 승리를 거두었음)' 이후 영국 정부가 반강제적으로 진행한 식민지 과세 정책을 함께 살펴볼 필요가 있어. 이와 연관된 경제적 흐름으로 인해 독립전쟁이 일어났으니까.

7년 전쟁은 유럽에서 벌어졌지만, 그 전에 북아메리카 땅에서 '프렌치 인디언 전쟁French and Indian War(1754~1763년)'이라 불리는 전쟁이 먼저 시작됐어. 이는 오하이오강 주변의 인디언 영토를 둘러싸고 영국과 프랑스가 벌인 식민지 쟁탈 전쟁이었어. 당시 영국령에 속한 식민지인들은 자신의 모국인 영국을 도와 전쟁의 승리를 이끌었지. 덕분에 영국은 영토를 확장할 수 있었고, 영국 정부는 식민지 내 지배권을 더욱더 안정적이고 제도적으로 강화할 수 있었어.

　　하지만 이 전쟁의 후유증은 엄청났어. 생각 이상의 전쟁 비용을 지출하는 바람에 영국의 부채는 이전보다 두 배 가까이 늘어나 버렸어. 결국 부채를 줄이기 위한 방도를 찾던 왕실은 식민지에 새로운 세금을 부과해야겠다고 판단했지. 하지만 식민지 내 지도자들과 별다른 상의는 하지 않았어. 이게 결정적 실수였어. 당시 미국 내 식민지인들은 스스로를 영국인이라 생각했고 프렌치 인디언 전쟁에 직접 참여하여 피 흘리며 싸워 승리한 것에 매우 기뻐하고 있었어. 이러한 상황에서 식민지인들의 노력을 인정하지 않고 새로운 세금을 부과한다면, 이는 당연히 강한 불만과 반발을 가져올 수밖에 없었던 거야. 그렇지만 영국 정부는 발등에 떨어진 불을 끄기에 바빴어.

영국 정부는 가장 먼저 1764년에 설탕법으로 세금을 올렸어. 이 법은 설탕에 부가세를 붙여 판매하는 것이었는데, 당시 식민지 사람들은 영국에서 가공한 설탕을 수입할 수밖에 없었기 때문에 경제적 부담이 굉장히 커졌지. 1년 뒤인 1765년에는 추가로 인지세법이 제정됐어. 종이에 인쇄하는 것(문서, 서류, 인쇄물, 소책자, 카드 등)에 개별적인 인지세를 부과하는 법인데, 사실상 모든 인쇄물에 세금이 붙게 된 셈이야.

새로운 법이 등장하며 세금이 늘어나자 식민지인들의 극심한 반발과 비판이 일었어. 결국 1766년 3월 인지세는 폐지됐지. 하지만 재정난을 해결해야 하는 영국 정부는 그다음 해인 1767년 11월 톤젠드법Townshend Acts을 제정하게 되는데, 이 법은 대략 다섯 개의 법령을 묶어서 부른 이름이야. 당시 재무장관 찰스 톤젠드Charles Townshend의 주도로 만들어진 법이었지.

이 법 내용을 간단히 정리하자면, 식민지 내 간접세(세금을 걷는 대상에게 직접 추징하여 받는 세금이 아닌 일상생활 속에서 걷는 세금)를 올려 세금을 더 거두고 이를 관리, 감독하는 '아메리카 관세청 위원회'를 세우는 것이었어. 아울러 중국에서 영국으로 수입하는 차의 관세를 없애 가격경쟁력을 갖춘 다음, 이를 미국에 수출해 낮은 가격에 팔 수 있게 만들었어. 결국 영국의 부족한 세수를 식민지인들이 부담하게 된 거야. 당연히 식민지인들의 반발이 극심했지. 오죽했으면 그 반발의 강도가 인지세법 때보다 더 심했을 정도야. 영국산 차를 불매운동 하는 일도 벌어졌어. 하지만 식민지인들의 반발에 화가 난 영국은 이번에는 물러설 수 없다고 생각했어. 그래서 보스턴에 군대를 보내서 그 지역을 점거하는 강경한 조치를 취하게 돼. 당시 보스턴은 유럽과 원활히 교역하는 항구 도시였어. 영국산 물건의 수출입이 잦은 지역이어서 영국은 보스턴에 군대를 보낸 거지.

폭동이라도 일어날 것 같은 분위기 속에서 결국 커다란 사건이 하나 터지고 말았어. 1770년 3월에 보스턴에서 영국 군인과 식민지 내 주민 간의 실랑이가 벌어졌는데, 감정이 격해진 영국 군인이 총을 발사해서 다섯 명의 시민이 죽고 여섯 명이 부상을 당한 사건이 발생한 거야. 일명 '보스턴 학살 사건'이라 이름 붙은 이 사건으로 영국에 대한 식민지인들의 반감은 더욱더 커지고 말았지.

결국 영국 정부는 식민지 내 불만을 줄이기 위해 1770년에 톤젠드법을 철회하게 돼. 하지만 차에 관한 법은 그대로 유지했지. 이후 2년간은 별다른 문제가 발생하지 않아 겉으로는 평온한 것으로 보였어. 하지만 곧 또 새로운 사건이 일어났지.

사건의 발단은 적자에 허덕이는 영국 동인도 회사East India Company에서 시작됐어. 영국 정부는 동인도 회사가 파산의 위기를

보스턴 학살 사건을 그린 그림

극복할 수 있게끔 식민지 내에서 독점적으로 차를 팔 수 있는 권리를 부여해 주지. 일명 1773년에 제정된 차법Tea Act이었어. 그동안 값싼 네덜란드 차를 밀수입하여 팔던 식민지 상인들을 곧장 타격을 입을 수밖에 없었지. 관세 없는 영국산 차가 밀수로 들여온 차보다 훨씬 더 저렴했거든. 식민지 상인들은 파산하기 시작했고, 이들의 자리를 대신하게 된 동인도 회사는 돈 벌 일만 남게 된 거야. 식민지인들은 멋대로 생긴 영국의 법 때문에 자신들의 자율성이 침해당했다고 여겼어. 당연히 불만이 높아질 수밖에 없었지.

영국의 차법에 반발한 식민지인들은 인디언 복장을 하고 동인도 회사의 화물선에 올라, 배 안의 차 상자를 바다에 던져버렸어. 그때 망가진 차 상자가 무려 342개에 달했다는 이야기가 있어. 이 사건이 1773년 12월에 발생한 보스턴 차 사건Boston Tea Party이야.

보스턴 차 사건은 여태껏 식민지인들이 저항심으로 일으킨 일 중에 가장 강력한 행동이었어. 이 사건으로 영국 왕과 의회는 크게 분노했고, 손상당한 권위를 되찾아야 한다며 본보기를 보이기로 결심하지. 그래서 1774년에 더욱더 강력한 강제 법령을 시행했어. 이 법령은 후에 참을 수 없는 법Intolerable Acts(영국 의회가 제정한 네 가지 법령인 보스턴 항구법, 매사추세츠 통치법, 재판권법, 병영법을 총칭한 것을 뜻함)이라고 불리게 돼. 이는 영국 정부가 식민지를 다시 엄격하게 통제하려고 만든 법이야. 아울러 손상된 차를 배상할 때까지 보스턴시의 해상무역을 봉쇄하는 보스턴 항구법Boston Port Acts을 만들어서 당시 최대의 항구였던 보스턴 항구의 수출입을 막았고, 영국 군대도 파견했어.

하지만 이 법 때문에 그동안 식민지와 영국 중 어느 편에도 서지 않았던 중도성향의 사람까지 모두 영국에 등을 돌리게 돼. 결의에 찬 식민지인들은 1774년 펜실베이니아주 필라델피아 카펜터스 홀에 모이지. 불참한 조지아주를 제외하고 13개 중 12개 주의 각 식민지 대표 56인이 회의를 개최하게 되는데, 이 회의가 바로 1차 대륙회의야.

이 회의에서 식민지 대표들은 식민지인들의 생존과 자유, 사유재산에 관한 권리를 지키기 위한 요청 내용을 정리하게 돼. 그리고 영국 의회가 제정한 법의 불공정함과 불합리함을 만천하에 선포하지. 식민지의 독립을 주장하려고 했던 건 아니었어. 영국 정부에 청원하는 형태를 빌려 식민지의 자치권을 얻고자 한 거야.

하지만 영국의 조지 3세는 이 행동을 반란으로 보고 대단히 화를 냈어. 그래서 1775년 법령을 통해 영국을 제외한 다른 국가와 식민지 13개 주에 대한 무역을 금지해 버리고 말아. 식민지인들의 의견을 들어주지 않고 강경하게 대응한 거야.

요구가 처참하게 묵살당하자 식민지인들은 더 크게 분노했어. 가만히 당하고 있을 수는 없다는 분위기도 팽배해졌지. 마침내 1775년 4월 매사추세츠의 렉싱턴 콩코드 전투(영국군과 식민지 민병대 간의 최초 교전으로 격렬한 전투 끝에 식민지 민병대가 영국군을 격퇴함)가 벌어지면서 독립전쟁의 서막이 올랐지.

❻화폐: 불량 신용화폐와 빚더미로 시작된 미국의 독립

미국 독립전쟁은 영국과 13개 식민지 사이에서 발발한 전쟁이야. 이 전쟁은 장장 8년 동안 이어졌고, 끈질긴 투쟁 속에 식민지인들이 승리하여 미국이라는 나라가 탄생했지. 이 과정을 살펴보면 독립전쟁이 결코 순탄치 않게 진행됐다는 걸 알 수 있는데, 그 내용을 하나씩 얘기해 줄게.

앞서 말한 대로 1775년 4월에 벌어진 렉싱턴 전투에서 승리한 식민지인들이 그 여세를 몰아 보스턴을 포위하면서 사기는 점점 올라갔지. 한 달 뒤인 5월에 필라델피아에서 2차 대륙회의가 열리고, 여기서 조지 워싱턴George Washington이 대륙군 총사령관으로 임명됐어. 영국과의 본격적인 전쟁을 앞두게 된 것이지. 아울러 1776년 7월 2일 식민지 독립에 대한 투표를 진행하여 이를 확정했어. 그리고 7월 4일 그 유명한 미국의 「독립선언서」를 발표하게 됐어. 이제 본격적으로 영국과의 전쟁이 시작된 거야.

하지만 독립전쟁의 주도권은 초기부터 영국군에게 넘어가 있었어. 식민지군(일명 대륙군)은 영국보다 장비도 부족했고, 잘 훈련된 병사도 더 적었으며, 쫓기듯이 마련한 전쟁 자금과 경험 부족에 따른 비효율적인 선택 등으로 인해 계속 전쟁에서 밀리게 돼. 거

미국 독립 선언에 서명하는 13명의 식민지 대표를 그린 그림

의 항복 직전까지 가기도 했지.

　　하지만 독립에 대한 신념은 절대 버리지 않았어. 이런 배경 속에 끝까지 싸운 두 개의 전투(트렌턴 전투와 프린스턴 전투)에서 대륙군이 승리하면서 전쟁의 흐름을 바꾸어놓는 데 성공했지. 이후에 여태껏 양쪽 눈치만 살피던 프랑스가 본격적으로 대륙군을 지원하기로 결정을 내리고 1778년부터 본격적으로 전쟁에 참여하게 돼.

　　가장 극적인 싸움은 3년 뒤에 벌어진 요크타운 전투였는데,

여기서 대륙군과 프랑스 연합군이 영국군에 승리하여 사실상 독립전쟁의 마지막을 장식하게 됐지. 이 결정적인 전투 이후 영국 의회는 미국 내 모든 전쟁을 중단하기로 했어. 그리고 1783년 9월 3일 파리 조약이 체결되면서 영국은 미국의 독립을 인정하게 돼. 이렇게 미국이라는 나라가 역사에 처음 등장하게 된 거지.

독립전쟁 과정에서 식민지인들을 가장 힘들게 한 것은 무엇이었을까? 무엇보다 가장 힘들었던 건 전쟁 비용 조달이었어. 당시 식민지 13개 주에서는 전쟁 비용을 마련하기 위해 별도의 세금을 걷을 수가 없었고 통합된 연방정부도 존재하지 않았어. 자체적인 수입원이 사실상 전혀 없는 상태였지.

이에 반해 영국은 장비 보급과 군대 지원에 전혀 문제가 없었어. 잉글랜드은행을 통한 국채 발행이 가능했기 때문이야. 영국은 국채를 팔아 자금을 조달하고, 이 국채를 사 간 다른 나라는 안정적이고 적정한 이율로 목돈을 만들 기회를 얻었어. 아울러 영국은 강력한 군사력과 경제적 영향력을 갖추고 있어서 파산의 우려도 없으니 돈을 떼먹을 염려도 없었겠지? 그래서 영국은 언제든 다른 나라에 국채를 팔아서 필요한 자금을 충분히 확보할 수 있었어. 미국 입장에서는 전쟁터가 아메리카 대륙이라는 지리적 장점을 제외하고는 경제력과 자본력에서 밀릴 수밖에 없는 싸움이었어.

전쟁에서 가장 필요한 것은 지속적으로 싸울 수 있게 돈을 공급받는 일이거든. 총과 화약도 사 와야 하고, 전투를 치르는 군인들 급여도 지급해야 하기 때문이지. 영국은 이런 시스템이 일찌감치 마련되어 있었지만, 대륙군은 체계적인 군비 조달 시스템을 운영한 경험도, 관련된 경력을 가진 전문가도 없었어.

경제적으로 불리한 점을 해결하고자 식민지인들도 영국의 방식을 참고하여 두 가지 방법을 활용하지. 먼저 대륙회의의 이름으로 식민지에서 자체적으로 인쇄한 지폐Continental currency(일명 콘티

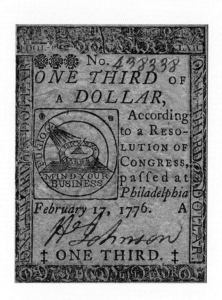

1776년에 발행된 콘티넨털 달러

넌털)를 사용하기 시작해. 당시 식민지 경제 활동에서 주로 사용된 돈은 금화와 은화였는데, 이를 마련할 능력이 없던 대륙군이 종이로 만든 콘티넌털을 전쟁 기간 내내 발행한 거야. 발행 총액이 자그마치 2억 4000만 달러나 됐어.

하지만 태생적으

로 금이나 은으로 교환(태환)이 안 되는 이 지폐는 독립전쟁이 끝난 후 가치가 폭락하여 극심한 인플레이션과 엄청난 경제적 혼란을 불러오게 되지.

이렇게 지폐에 기재된 금액과 같은 가치의 금이나 은으로 교환할 수 없는 지폐를 '불태환 지폐'라고 불러. 금이나 은으로 교환이 어렵기 때문에 이 지폐는 담보 가치가 없었어. 화폐를 발행한 곳(대륙회의)이 지폐를 소유한 사람에게 가치의 효력을 지켜주지 못하면 지폐를 사용할 수 없는 위험에 빠지게 되지. 그렇게 지폐 가치가 폭락하는 불행한 일이 생기는 거야.

이게 무슨 말인지 잘 모르겠다고? 실제 있었던 사건으로 예를 들어줄게. 제1차 세계대전 이후 독일 바이마르 공화국에서 초인플레이션(일명 하이퍼인플레이션)이 발생했어. 그때 엄청난 양의 화폐가 발행됐고, 이로 인해 빵 한 개를 사려고 해도 수레에 돈을 잔뜩 싣고 가야 한다는 말이 나올 정도였지. 화폐 가치가 폭락하는 속도가 하도 빨라서 나중에는 금 1마르크가 지폐 1조 마르크로 교환이 될 정도였어. 말 그대로 돈으로는 아무것도 살 수 없을 정도로 지폐가 쓸모없어진 거야.

당시 식민지 화폐도 이런 상황이었어. 영어 사전에 보면 "Not worth a Continental"이라는 관용어가 있는데, 이 표현이 "한 푼의

값어치도 되지 않는다"라는 뜻으로 사용될 정도야. 콘티넨털이라는 단어가 가치 없다는 뜻으로 사용된 사례지.

❼ 채권: 전쟁 자금의 원천

그럼 채권 발행은 어떻게 이루어졌을까? 당시 채권에는 두 종류가 있었는데, 먼저 식민지를 대표하는 대륙회의 이름으로 발행된 채권이 있었어. 그리고 13개 주에서 각 주 정부가 발행한 채권이 있었지. 각 주에서 발행한 채권은 돈을 상환할 주체가 확실했기에 판매에 어려움이 없었어. 하지만 대륙회의에서 발행한 채권은 통합된 국가의 명의가 아니었기 때문에 미래에 누가 그 돈을 돌려줄지 결정되지 않은 상태였지. 그래서 전쟁 초반에는 판매에 많은 어려움을 겪었어. 그렇지만 결국 미국을 지지하는 사람들과 돈이 많은 상인, 유럽의 왕실 및 투자자들이 이 채권을 사주었기에 적지 않은 돈을 마련할 수 있었지. 이들이 없었다면 전쟁의 결과가 전혀 다른 방향으로 났을지도 모를 일이야.

두 번째 방식은 유럽 국가에서 차관을 하는 것이었어. 차관은 외국 정부나 공적 기관으로부터 자금을 빌리는 행위를 말해. 특히 프랑스와 네덜란드에서 돈을 많이 빌려 왔는데 이 자금을 주로 대륙군의 무기와 탄약을 사들이는 데 사용했어.

사실 독립전쟁 당시 극도로 취약해진 식민지 경제 구조 때문에 외국에서는 대륙회의에서 발행한 지폐(콘티넨털)를 전혀 신뢰하지 않았어. 그래서 국제적인 인정을 받은 화폐(파운드)나 금과 은을 빌려 와야 유럽에서 무기와 탄약을 구입할 수 있었지.

이러한 방법 이외에 대륙군에 참전한 군인에게는 별도의 차용증서를 발행해서 지급했는데, 전쟁 후에 이자를 더해 돈으로 바꿀 수 있게 만들어 준 것이지. 하지만 전쟁이 길어질수록 대륙 화폐 콘티넨털과 군용 차용증에 대한 기피 현상이 점점 심해지면서 경제적 어려움은 계속 커져만 갔어. 게다가 영국에서 몰래 만들어진 위조지폐가 대량으로 뿌려지면서 대륙 화폐를 사용하는 사람들의 혼란은 더 커졌지. 결국 전쟁 중에는 발행한 액면가의 10%까지 가치가 떨어져 거래되기도 했어. 이후 전쟁이 끝날 무렵에도 액면가의 2.5%로 가치가 떨어져 있어서 거의 휴지 조각이나 다름없었지. 이런 자금 상황에도 전쟁을 진행할 수 있었다는 것 자체가 기적이라고 느껴질 정도야.

그럼 이런 화폐 가치의 폭락이 식민지인들의 삶에 어떤 영향을 미쳤을까? 당연히 큰 고통이 되어 돌아왔지. 물가는 우리 생활에 직접적인 영향을 주는 요소잖아. 물가가 올라도 벌어들이는 소득은 제자리라서 소비하는 물건도 줄고 삶의 질도 이전보다 나빠지게 된 거야. 1775~1778년 사이 물가는 매년 두 배 이상 상승했고, 1779~1781년에는 자그마치 10배 가까이 올랐어. 사실상 물건을 사고파는 것 자체가 생존의 전부가 될 정도였어. 이러한 고통을 겪는 건 군인들도 마찬가지였지. 전쟁을 치르며 인원과 물자를 관리하고, 군대를 운영해 본 경험이 없던 대륙군은 내부 혼란과 부패 때문에 많은 문제를 이미 겹겹이 쌓아둔 상황이었거든. 미국의 독립전쟁은 이렇게 어려움과 극도의 혼란, 하늘만큼 높게 쌓인 부채와 함께 치러진 것이지.

❸연방정부: 재산권을 보호하기 위한 최선의 장치

경제적인 어려움 말고도 큰 문제가 있었어. 바로 전쟁의 주체인 대륙회의의 구조였지. 대륙군을 실질적으로 지휘한 대륙회의는 13개 식민지를 통치할 수 있는 법적 권한을 가지고 있지 않았어. 다만 외국으로 파견할 대사 지명, 국가 간 조약 체결, 군대의 조직, 이를 지휘할 장군의 임명, 전쟁 시 유럽에서의 차관 도입, 대륙 지폐 콘티넨털의 발행, 자본 지출의 의사결정 등을 진행했지. 국가 행정부가 수행하는 대부분의 기능을 맡아 운영한 셈이지만 우습게도 법적 권한이 없었기에 세금을 부과할 권한은 가지고 있지 않았어. 이러한 문제점이 전쟁 내내 가장 큰 불안 요소였지.

독립 이후에도 13개의 주 정부는 기존의 권리를 유지하기 원했고, 이 주장을 뒷받침한 것은 실질적으로 권력을 쥐고 있던 주 의회였어. 주 의회는 자신들이 가진 권한을 쉽게 내주지 않았어. 이런 이유로 대륙회의 이후 구성된 연합정부는 강력한 행정력을 갖추지 못해 사실상 유명무실했지. 이 시기는 13개의 주가 각각의 주권 국가로 운영되다시피 했던 불완전한 형태였어. 그러다 보니 주별로 세금 체계와 권한이 달라 많은 문제점이 발생했어.

이런 와중에 전쟁에서 발생한 채무를 상환하기 위해 주 정부는 무리한 세금을 부과하기 시작했어. 경제 불황과 함께 극심한 생활고에 시달리던 농민들이 갑작스레 세금 폭탄을 맞자 어려움은 더 가중됐지. 독립 후 살기 좋아질 거라고 생각했던 사람들의 실망감이 점점 더 커지면서 불만이 쌓이기 시작했어. 결국 1786년 매사추세츠주 스프링필드에서 셰이스의 반란Shays' Rebellion이 일어났지. 세금 압박을 참다못한 농민들이 반란을 일으킨 거야.

이 사건의 주인공인 셰이스는 어려운 경제 상황으로 세때

빚을 갚지 못하자, 자신의 토지가 강제로 은행에 압류되고 매각되는 것을 막기 위해 폭동을 일으켰어. 독립전쟁의 참전 용사이기도 했던 그는 반란군을 이끌고 연합정부 소재 스프링필드 무기고를 습격했어. 반란군이 사용할 무기를 빼돌릴 생각이었지만 도중에 민병대에 발각됐지. 놀라운 건 이 민병대가 연합정부의 지원을 받은 것이 아니라, 주지사가 민간 자금을 모아 만든 조직이었다는 점이야. 연합정부는 군대를 모아서 파견할 돈이 부족했거든.

결국 주 민병대에 의해 셰이스의 반란은 진압됐지만, 이 사건을 계기로 각 주의 지도자들은 사람들의 재산권을 안전하게 보호해 주는 게 대단히 중요한 일임을 깨달았어. 그리고 이를 위해서는 강력한 중앙정부가 필요하다는 것도 인지하게 됐지. 2년 뒤인 1788년, 미국 헌법이 제정되고 행정부가 구성되면서 법적으로 하나의 나라를 이끌어갈 장치가 완성됐어. 여기서 초대 대통령으로 조지 워싱턴이 선출됐고 본격적인 연방정부의 형태를 띤 미국이 시작된 거야.

미국이 모습을 잡아가던 이 시기에 경제사에서 가장 중요한 사건 중 하나가 발생해. 1776년에 영국의 철학자이자 경제학자인 애덤 스미스가 『국부론』을 출간한 거야. 이 책은 지금의 자본주의를 만들었다고 해도 과언이 아닐 정도로 후대에 엄청난 영향을 끼

『국부론』의 저자 애덤 스미스

쳤어. 하지만 당시에는 유럽의 그 어떤 나라도 과거의 유물을 한순간에 버리고 새로운 모습으로 탈바꿈할 수 없었지. 그러나 신생 국가인 미국은『국부론』의 영향을 받고 방향을 바꾸는 게 가능했어.

왕실은 물론 지배층인 귀족 계급도 없었고, 왕족에 대한 특혜도 존재하지 않았어. 그래서 애덤 스미스의 사상과 경제적 이론을 적극적으로 받아들여 미국의 법률과 행정부를 만들 때 반영할 수 있었지. 대표적인 것이 다른 국가와의 자유로운 무역을 허용하고 정부가 함부로 시장의 경쟁에 간섭하지 않는다는 원칙이었어. 당연히 개인의 사유재산도 보호받을 수 있었지. 이런 결과로 향후 미국에는 새로운 경제 정책과 기업의 사업 방식, 획기적인 비즈니스 모델이 생겨났어. 그리고 시간이 흘러도 이 사상의 본질은 미국의 법률이나 정부에 의해 훼손되지 않았지. 미국 초창기에 만들어진 연방정부의 체계가 지금까지 이어지고 있기에 가능한 일이었어.

"금융기관은 군대보다도 더 위험하다.
국민이 사설 은행에 통화 발행권을 넘겨주면
은행과 금융기관은 나라의 자녀들이 거지가 될 때까지
그들의 재산을 거덜 낼 것이다."

_토머스 제퍼슨

Chapter 1

은행

은행은 어떻게
미국을 죽였다 살렸나

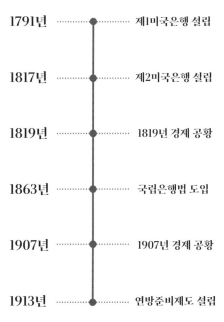

'은행의 역사' 주요 사건

1791년 ·········· 제1미국은행 설립

1817년 ·········· 제2미국은행 설립

1819년 ·········· 1819년 경제 공황

1863년 ·········· 국립은행법 도입

1907년 ·········· 1907년 경제 공황

1913년 ·········· 연방준비제도 설립

01

중앙은행

신용으로 세운
금융 강국의 뿌리

미국의 건국에 이바지한 사람들을 일컬어 '미국 건국의 아버지'라
고 부르기도 해. 독립전쟁과 관련된 미국 대통령(조지 워싱턴, 존 애덤
스, 토머스 제퍼슨, 제임스 매디슨)과 독립 선언문 작성에 참여한 정치
인들이 여기에 들어가지. 또 이 중에는 초대 재무부 장관인 알렉산
더 해밀턴Alexander Hamilton도 포함돼 있어. 심지어 해밀턴은 '미국 금
융의 아버지'라는 호칭으로도 불릴 만큼 초창기 금융의 발전에 크
게 이바지한 사람이야.

해밀턴은 미국이 아닌, 영국령 카리브해의 네비스라는 조그
마한 섬에서 태어났어. 2대 대통령인 존 애덤스의 회고록에 '가난한

알렉산더 해밀턴

스코틀랜드 행상인의 서자'로 기록되어 있다고 해. 해밀턴은 불우한 환경에서 자랐어. 그가 어렸을 때 아버지는 가족을 버리고 떠났고, 어머니는 열대병으로 일찍 목숨을 잃었어. 그렇게 해밀턴은 형과 함께 부모님 없이 자랐어. 십대에 그는 지역 수출입 회사를 경영하고 있던 니컬러스 크루거라는 사람의 사환(회사에서 잔심부름을 시키기 위해 고용한 사람)으로 일하게 돼. 해밀턴은 총명함과 끈기로 일터에서 인정을 받았어. 어린 나이임에도 상거래와 관련된 복잡한 장부 처리도 척척 해냈고, 잡다한 상품 거래 일도 도맡아 처리해 사실상 사장의 역할을 대신할 정도였어. 그런 해밀턴을 크루거는 항상 눈여겨봤지.

그러던 중 해밀턴의 인생을 뒤바꾼 사건이 발생해. 무더운 여름날, 갑작스레 불어닥친 태풍으로 섬이 완전히 쑥대밭이 됐는데, 해밀턴이 이 광경을 보고 한 편의 시를 지어 지역 신문에 게재한 거야. 이 시를 읽은 섬사람들은 그의 범상치 않은 재능을 알아보고 깜짝 놀랐어. 그래서 그를 조그만 섬 밖의 넓은 세계로 유학을 보내기로 결심하고 모금을 진행했어. 이후 크루거의 도움을 받아 미국으로 이주한 해밀턴은 뉴욕의 킹스칼리지(지금의 컬럼비아대학교)에서 법학을 전공하게 돼.

대학 입학 후 미국 독립전쟁이 발발하자 그는 망설임 없이 바로 민병대를 조직해. 그렇게 포병 장교로 복무하다가 충성심을 인정받아 조지 워싱턴 장군의 보좌관이 됐어. 여기서도 해밀턴은 놀라운 행정 실력과 업무 능력을 보여줬고, 깐깐한 워싱턴 장군의 인정을 받아 부관 장교 자리에 올라 최장기 복무를 하지. 전쟁이 끝나고 대통령이 된 워싱턴은 해밀턴을 초대 재무부 장관으로 임명해. 어지럽고 혼란스러운 정부 재정의 숙제를 해밀턴이라면 해결할 수 있을 거라는 믿음을 품은 거야.

당시 연방정부가 해결해야 하는 문제는 크게 두 가지였어. 첫째는 새로운 세금 제도를 만들어 주요 수입원이 될 과세 체계를 세우는 것이었고, 둘째는 독립전쟁 중에 생긴 여러 부채를 해결하는 것이었지. 당시 연방정부는 말이 정부지 주 정부의 시시콜콜한 간섭에 시달리고 있었고, 확실한 세금 수입원이 없어 막대한 빚의 이자만 겨우겨우 갚아나가고 있는 다소 안타까운 상황이었어. 빌려 온 돈의 원금 상환은 꿈도 꿀 수 없을 정도였어. 이러한 문제를 해결하기 위해 의회는 해밀턴에게 석 달 안에 정부의 부채 처리 및 재정 운용에 관한 계획안을 제출하라고 요청했어.

1790년 1월, 해밀턴은 평소 생각해 두었던 장기적 재정계획을 담은 보고서를 내놓았어. 그게 바로 공공 신용에 관한 보고서Report on Public Credit였지. 이 보고서는 주 정부와 연방정부의 현 재정 상황을 명확하게 밝히고 있었고, 나아가 장기적인 자본 관리를 통해 안정적으로 연방정부를 이끌어가야 한다는 내용을 담고 있었지.

해밀턴이 어떤 그림을 그리고 있었는지 더 구체적인 내용을 살펴볼까? 먼저 해밀턴은 독립전쟁 기간 중 발행한 국외 부채(차관)에 대해서는 외국에서 청구한 금액을 깎지 않고 그대로 상환하고자 했어. 이는 기존의 차관을 갚기 위해 새로운 상환 채권을 만들겠다는 뜻이었지. 이자율을 낮춰 장기적으로 외국에 갚아야 할 돈(이자)을 줄이겠다는 내용을 함께 담았어. 그래서 별다른 파장이나 반대는 일어나지 않았어.

그런데 두 번째와 세 번째 내용이 문제가 됐지. 엄청난 정치적 논란까지 불러일으키게 된 이 내용을 한번 살펴볼까? 전쟁 중에 발생한 정부의 부채(전쟁채권 및 군인에게 지급한 차용증 등)에 대해 발행했던 액면가 그대로의 금액을 지급한다는 내용과 함께 전쟁 중에 주 정부에서 발생한 부채는 모두 연방정부가 떠안아 대신 갚아준다는 내용이었지.

이 내용이 발표되자 즉시 의원들의 집단적 반발이 일어났어.

당시 상황을 보면 우려의 목소리가 터져 나온 이유를 알 수 있지. 가장 논란이 된 건 정부 부채의 상환을 다룬 두 번째 내용이었어. 독립전쟁 과정에서 발생한 채권은 모두 액면가 대비 엄청나게 할인이 되어 시중에 유통되고 있었거든. 채권을 상환 기간까지 가지고 있으면 제값을 받을 수 있는데 왜 이런 일이 일어났는지 궁금하지? 너무 먹고살기가 힘든 사람들이 많았기 때문이야. 지금 당장 돈이 필요해서 채권을 헐값에 내다 파는 사람이 많았던 거지. 그런데 이렇게 유통되는 채권을 정부가 모두 정상 금액으로 갚아준다면, 이미 폭락한 채권을 헐값에 사들인 투기꾼들이 막대한 이익을 얻게 된다는 게 반대 진영의 주장이었어.

아울러 주 정부가 안고 있는 부채를 연방정부가 가져가는 것도 반발이 심했어. 그 당시에 남부의 주는 이미 부채의 대부분을 갚은 상황이었고, 북부의 주만 많은 부채를 갖고 있었지. 그래서 남부 소속 의원들은 북부의 빚을 갚아주기 위한 도덕적 해이의 전형적인 상황이라는 주장을 펼친 것이야. 부채를 갚기 위해 노력한 남부의 희생은 고려하지 않고, 빚을 갚지 않고 버틴 북부의 주만 경제적 이득을 얻었다는 생각에서 나온 주장이었어.

그러나 해밀턴은 이에 굴하지 않고 자기 생각을 다음과 같이 차근차근 설명했지.

"독립전쟁 시 발행된 채권은 원금 상환이 불확실한 경우가 많았습니다. 그래서 투자자들은 자신이 투자한 돈을 돌려받지 못할 수 있다는 불안감에 늘 시달렸습니다. 그렇기에 채권이 액면가 대비 낮은 금액으로 할인되어 거래되고 있는 것입니다. 만약 강력한 연방정부가 신용을 바탕으로 투자금을 보존해 준다는 인식을 사람들에게 심어준다면 다시는 이러한 문제가 발생하지 않을 것입니다."

즉 연방정부가 어려운 시기에 발행한 채권을 모두 상환해 준다는 믿음을 보여주면, 정부에 대한 신용이 회복될 것이라는 뜻이었어. 그렇게 되면 사람들은 가지고 있던 채권을 이전보다 이자율이 훨씬 낮은 새로 발행한 정부 채권으로 교환하게 된다는 거야. 그럼 장기적으로 이자 부담이 크게 내려가게 되겠지. 아울러 주 정부의 부채를 연방정부가 모두 가져가면, 사람들이 연방정부와 주정부가 강력한 연합을 이룬 하나의 국가라는 인식을 갖게 된다는 거야. 당장 나무 한 그루를 키우기보다는 장기적으로 숲을 조성해야 한다는 게 해밀턴의 뜻이었지.

해밀턴의 주장에 반대하는 의원의 수가 많아 이 안건이 의회를 통과하기는 쉽지 않았어. 통과가 불가능할 거라는 의견이 퍼지기도 했지. 하지만 해밀턴은 정치적 협상력을 동원하여 의원들을 자기편으로 끌어들였고, 결국 이 안건은 1790년 7월에 의회의 승인을 받고 8월에 최종 의결됐어.

◆— 중앙은행의 쓸모를 주장하다! —◆

1차 보고서에 이어 1790년 12월에 해밀턴은 두 번째 보고서를 제출했어. 바로 국가 은행에 관한 보고서Report on a National Bank야. 이 보고서는 미국에 중앙은행이 꼭 설립돼야 한다는 내용을 담고 있었지. 더 구체적으로는 중앙은행의 자본금 규모와 운영 주체(주로 민간인), 전국에 은행 지점을 설치할 방안(당시 전국에 지점이 있는 은행은 없었음), 20년의 존속 기간과 달러를 발행할 수 있는 권리 등을 다루고 있었어.

해밀턴은 이 보고서를 쓰기 위해 뉴욕은행을 설립했던 자신의 경험을 10여 년간 정리하고, 당시 유럽에 있던 은행을 광범위하게 조사했어. 그 결과 은행이 지급준비금(고객이 은행에 예금한 금액을 찾아갈 것에 대비해 은행에서 예금액의 일정 비율을 중앙은행에 예탁하는 것)을 제외한 나머지 금액을 대출해 산업 기반을 구축할 곳에 투자한다면, 빠른 시간 안에 국가의 부를 늘릴 수 있을 거라고 예상했지. 그는 평소 영국의 중앙은행인 잉글랜드은행을 참고하여 미국에 중앙은행을 설립하자는 생각을 갖고 있었어.

독립전쟁 이후 미국의 돈은 크게 금화와 은화와 같은 금속 화폐와 종이로 된 은행권 화폐로 나뉘었어. 이전에는 금속 화폐가 보편적으로 사용됐지만, 너무 무거워서 큰 거래에 사용하기가 무척 불편했지. 이러한 문제를 해소하고자 발명한 것이 바로 은행권

영국 중앙은행 잉글랜드은행의 모습

화폐야.

은행권이란 쉽게 말하면 금과의 교환을 보증하기 위해 은행에서 발행한 증서라고 할 수 있어. 은행은 금을 안전하게 보관할 수 있는 금고를 만들어 사람들의 금을 보관해 줬고, 은행권을 발행해 금을 맡긴 사람들에게 지급한 거야. 언제든 은행권을 발행한 은행에 가서 은행권과 액면가만큼의 금을 교환할 수 있었지. 은행권은 사람들의 믿음 아래 점차 활발하게 유통됐어.

문제는 각 주의 은행이 저마다 다른 은행권을 발행했다는 거야. 만약 뉴욕의 은행에서 발행한 은행권을 뉴저지에 사는 사람이 소지하고 있다고 해보자. 그 사람이 은행권을 다시 금으로 바꾸고 싶다면 반드시 뉴욕까지 가야 했어.

또 발행량을 통제할 기관이 없었기 때문에 일부 은행에서는 보유한 금보다 훨씬 더 많은 화폐를 찍어내기도 했어. 그러다 보니 일부 은행권은 액면가 대비 할인된 가격으로 유통됐고, 여기에 위조지폐까지 섞여 들어왔지. 신생국 미국의 화폐 시스템은 누구도 신뢰할 수 없는 지경에 이르렀어. 심지어 각 주 정부에서는 자신들이 승인한 은행, 이른바 주법은행의 영업만을 인정했기 때문에 유통되는 돈은 개별 주 안에 묶여 있었어. 유동성의 힘을 전혀 발휘할 수 없었던 거야. 이런 상태에서 경제가 제대로 작동할 리 만무했지. 해밀턴은 전국 어디서든 통용되는 화폐를 도입하는 게 미국 경제의 최우선 과제라고 확신했어.

1790년대 미국 경제가 안고 있는 또 다른 문제는 투자에 사용할 자본이 부족했다는 거야. 해밀턴이 국가 단일 화폐 도입에 더욱 필사적으로 매달린 또 다른 이유도 이와 관련이 있었어. 화폐 시스템을 안정적으로 작동시킨다면 혼란한 미국 경제 상황을 부정적으로 바라보던 유럽의 투자자들에게 신뢰를 얻어 산업을 일으킬 막대한 자본을 끌어올 수 있다고 판단한 거야. 그리고 단일 화폐를 발행하려면 그 무엇보다 국가의 중앙은행 설립이 절실하다는 걸 이내 깨달았지.

게다가 중앙은행이 설립되면 연방정부가 국가 명의로 국채를 발행하고 이를 담보로 중앙은행에서 엄청난 양의 화폐를 추가로 만들어낼 수 있었어. 유럽의 투자 유치와 국가 담보의 자본 발행, 이것이 미국을 일류 국가로 도약시키기 위한 해밀턴의 담대한 구상이었어.

　　하지만 이 보고서의 내용이 공개되자 의회에서 즉각적으로 반발이 제기됐어. 의원들은 중앙은행의 권한이 주 정부가 가진 권한보다 더 커지는 것을 원하지 않았지. 특히 중앙은행에 극도의 경계심을 품고 있었는데, 중앙은행이 은행 위의 은행이 된다는 점, 국가 화폐를 독점적으로 발행한다는 특권은 특히 받아들이기 힘들었지.

　　반대한 사람 중에 대표적인 이로 당시 국무장관이었던 토머스 제퍼슨이 있었어. 그는 미국 독립선언서의 기초 작성자이자 미국 건국의 아버지이고, 미국의 제3대 대통령이기도 해. 제퍼슨은 해밀턴의 의견에 가장 반대하는 인물이기도 했어. 정치적인 목적으로 중앙은행 설립을 반대했지. 그는 은행이 그저 사기꾼들이 돈 버는 것을 도와준다고 생각했어. 성실하고 근면한 사람에게는 손해만 끼친다고 여긴 거야. 그가 끝까지 중앙은행 설립에 반대한 이유는 다음 장에서 더 자세히 알려줄게.

　　해밀턴은 굴하지 않고 이 두 가지 사항을 의회에 제출하여 승인을 요구했어. 여러 다툼과 갈등이 있었지만, 결국 하원과 상원의원 대다수는 이 법안에 찬성표를 던졌고 안건은 무사히 통과됐지. 하지만 대통령의 결재가 남아 있었어.

위싱턴 대통령은 망설이고 있었어. 의회가 두 개의 의견으로 나뉘어 국가의 혼란이 더 커질까 봐 염려한 거야. 난감해하는 위싱턴 앞에서 해밀턴은 해박하고 논리적인 설명으로 대통령을 설득했고, 최종 승인을 받아내는 데 성공했어.

드디어 미국에서도 중앙은행인 제1미국은행First Bank of the United States이 등장하게 된 거야. 금융 강국으로서의 행보가 여기서부터 비로소 시작된 거라 할 수 있지.

필라델피아의 제1미국은행

02

주법은행

─────── ◆ ─────── ◆ ───────

지역은행의
명확한 한계

독립전쟁 이후 미국의 정치는 해밀턴파와 제퍼슨파로 나뉘었어. 두 파는 서로 지향하는 정치적 이념과 생각이 완전히 달랐지. 지금의 미국 공화당과 민주당처럼 말이야. 미국의 양당 체제가 이 시기부터 생겨났다고 해도 과언이 아닐 정도로 두 당의 상대에 대한 반대와 갈등이 심한 편이었어.

당시 미국의 두 정치 세력에 대해 더 자세히 말해줄게. 먼저 해밀턴이 속한 연방파Federalist Party는 각 주의 독립적인 권한보다 연방정부의 중앙집권적 권한이 더 강해야 한다고 주장했어. 연방파의 리더 격인 해밀턴을 지지하는 건 상공업이 발달한 뉴욕을 중심으로 한 북동부의 상인 계층이었어. 이들은 보수주의적인 입장을 유지하고 있었고, 미국의 제조업이 성장하기 위해서는 관세를 높여야 한다고 생각했어. 외국 물품의 수입을 규제해야 미국에서 만든 물품이 더 잘 팔릴 수 있다는 의견이었던 거야. 아울러 많은 은행가들도 연방파를 따랐어. 돈을 빌려준 채권자 편을 대변했지.

이와 반대로 제퍼슨이 속한 공화파Democratic Republican Party는 연방정부보다 각 주의 권한이 더 강해져야 한다는 주장이었어. 버지니아주를 비롯한 대부분의 남부 지역은 농업이 주력 산업이었는데, 이 남부의 농민들이 공화파의 주요 지지층이었어. 원활한 농산물의 수출을 위해 관세를 낮춰 자유무역을 활성화하자는 의견이었지. 당시 미국은 땅이 넓어 농업 위주의 경제 체제를 갖추고 있었는데, 국가의 주요 수출 품목(담배, 목화 등) 대부분을 남부 지역이 담당하고 있었어. 하지만 대다수 농민은 은행에서 빌린 대출이 많아 불경기나 비수기에 채무 상환 압박에 시달렸고, 이로 인한 불만이 높았어. 그래서 이들은 돈을 빌린 채무자의 견해를 대변했지.

이 두 파는 주요 정책이 의회에 제시될 때마다 갈등을 빚었어. 가장 심하게 충돌한 건 제1미국은행 설립에 관한 안건이야. 이들은 중앙은행에 대한 생각도 서로 극명하게 달랐거든.

해밀턴은 애덤 스미스의 『국부론』에 등장한 영국의 중앙은행인 잉글랜드은행의 사례를 벤치마킹해 미국에도 중앙은행을 설립하자는 의견이었어. 중앙은행을 통해 화폐를 발행하고 자본을 활성화하자는 생각이었던 거야.

하지만 제퍼슨은 화폐의 남발을 우려하며 반대했지. 과거 프랑스 대사를 역임했던 경험으로 18세기 초 프랑스에서 발생한 존 로John Law의 '미시시피 거품' 사기 사건을 잘 알고 있었거든. 스코틀랜드 출신의 존 로라는 인물이 프랑스에서 금융 책임자로 임명됐는데, 은행(이후 왕립은행으로 변경됨)을 설립하고 은행권을 남발했던 거야. 이어 존 로는 미시시피 회사Mississippi Company를 인수한 후 회사를 점차 확대하고 재편하면서 프랑스 정부가 가지고 있던 해상에서의 상업적 권리를 독점적으로 부여하게 됐지. 당시 프랑스령이었던 루이지애나 지역의 경제력을 과대포장하는 선전도 진행했어. 그는 투자자들에게 이 지역의 운영권을 가진 미시시피 회사의 전망이 황금빛이라고 주장했어. 그러자 회사의 주식이 어마어마하게 폭등하며 투기의 바람이 불어닥쳤어. 3만 명이 넘는 사람이 미시시피 회사에 투자를 하겠다며 파리로 몰려왔지. 존 로는 사람들에게 일확천금의 꿈을 꾸게 해주었지만, 더불어 인플레이션도 안겨주었어. 이내 과도하게 상승했던 미시시피 회사의 주가가 폭락하기 시작하자 은행권을 금으로 바꾸려는 사람이 늘어나며 공황이 발생하게 돼. 결국 존 로는 해임되어 쫓겨났어.

존 로가 일으킨 이 거대한 경제적 사건은 프랑스 정부의 재정 건전성을 완전히 망가뜨렸고, 화폐의 신뢰성을 땅바닥에 떨어뜨려 물가를 폭등시켰어. 이후 수십 년간 서민들이 엄청난 고통을 당한 것을 제퍼슨은 알고 있었던 것이지. 그래서 화폐 발행의 위험성을 내세우며 반대 입장을 고수했어. 제퍼슨은 더구나 중앙은행을 정부가 아닌 민간인(특히 은행가)이 운영한다는 사실에 경악했지. 제퍼슨은 소수가 다수를 지배할 수 있고 중앙은행의 역할을 정부가 아닌 민간인이 대신하게 된다면, 결국 정부의 권한과 책임이 축소될 거라고 생각한 거야.

이처럼 중앙은행 설립 건은 최대의 정치적 이슈가 되어 치열한 논쟁을 불러일으켰어. 하지만 최종 결정권은 의회에 있었지. 어렵사리 의회의 승인을 거친 후에 워싱턴 대통령이 최종 서명함으로써 중앙은행 설립은 확정됐고, 1791년 2월에 드디어 제1미국은행이 설립됐어.

제퍼슨이 중앙은행을 반대한 이유를 더 살펴보면, 미국 특유의 은행제도에도 원인이 있었어. 당시 미국의 은행제도는 다른 나라와 달리 연방정부가 아닌, 주 정부의 승인을 받은 수많은 지역 은행이 서로 경쟁하는 구조였어. 일명 '주법은행state bank(주 정부가 인가한 은행으로 '주은행', '주립은행'이라고도 부름)'이라 불리는 이 은행은 정치적 타협의 결과라고 볼 수 있지. 하나의 예로, 2023년 3월에 파산한 실리콘밸리은행SVB도 주법은행이라고 할 수 있어.

← 주법은행은 누구를 위한 은행이었을까? →

지도자들은 농민의 힘을 빌려 독립전쟁을 치렀기 때문에 독립 이후 농민들의 권익을 지키며 전쟁에 참여한 보상을 줘야 하는 상황이었어. 건국 후 농민들은 여러 분야에 걸쳐 다양한 요구사항을 전달했는데 그중 하나가 지역은행 설립이었어. 농민들에게 전국 규모의 은행은 상인이나 정치인들의 이익을 대변하기 위해 존재하는 시설이라는 인식이 매우 강했어. 지역에 기반을 둔 은행이 생겨야 농민을 위한 정책이 시행될 거라는 믿음이 있었지. 이러한 이유 때문에 미국만의 독특한 지역은행 구조가 만들어진 거야.

이런 배경에서 탄생한 주법은행은 주 정부의 견제를 피하고자 노력했고, 다른 주의 은행이 자신의 주에서 활동하는 것을 철저히 제한했어. 어떤 경우에는 하나의 주 안에서도 구역을 나누어 특정 지역 내에서만 은행 면허를 발급해 주기도 했어. 이런 태생적인 지역적 한계를 넘어설 수 없어 주법은행은 규모가 작을 수밖에 없었어. 다른 지역의 교환 어음(환어음)이 도착하면 거래 내역을 일일이 확인해야 해서 많은 시간이 소요되는 것도 문제였지. 그중에서도 가장 큰 문제는 주법은행이 제각기 화폐를 발행할 수 있었다는 거야. 당연히 화폐가 정상적인 가치를 인정받지 못하는 경우도 생겨서 화폐에 높은 할인율이 적용되어 유통될 정도였어.

이런 단점을 안고 있는 주법은행은 금융공황이 발생하면 파산하는 일도 비일비재했지. 은행이 망하면 그 은행에서 발행했던 화폐는 모두 휴지 조각이 됐고 많은 사람이 막심한 손해를 입었어.

해밀턴은 이런 지역은행의 특수성을 보완하기 위해 주법은행을 관리하고 감독할 기관의 필요성을 느꼈어. 그리고 그 역할을 중앙은행이 할 수 있을 거라고 생각했어. 이게 그가 강력하게 중앙은행 설립을 밀어붙인 주요 이유 중 하나야.

이 점을 제퍼슨도 모르지는 않았어. 하지만 중앙집권적인 은행 권력이 새로 생기면, 지역에서 활동하는 주법은행의 독립성이 훼손될지도 모른다는 걱정을 한 거지. 그래서 제퍼슨이 속한 공화파는 언젠가 중앙은행을 멈춰 세우겠다는 야심찬 계획을 품고 결국은 이를 실천하게 돼. 그 영향으로 미국은 엄청난 손해를 보게 되지.

03

제1미국은행

중앙은행이
통화량을 조절할 때

제1미국은행은 중앙은행의 임무를 수행하기 시작했어. 은행이 출범할 당시 출자금은 1000만 달러였고 그중에 연방정부의 주식은 200만 달러였어. 출자금의 80%를 시장에 발행한 주식에 의존해야 했지. 1791년 7월 4일 제1미국은행의 주식이 정식으로 거래소에 상장되고 거래가 시작되자마자 모든 주식이 수 시간 내에 팔려 나갔어. 성공적인 시작이었어. 하지만 은행이 설립될 당시 정치적으로 타협한 20년의 승인 기간이 족쇄가 되어 나중에 더 큰 문제로 번지게 돼. 이 이야기는 영국과 미국의 전쟁을 다루는 부분에서 더 자세히 얘기할게.

제1미국은행이 설립되자 미국의 자본 시장은 점점 더 발전하기 시작해. 유럽에서 투자금이 밀려들면서 본격적으로 자본의 유동성이 늘어났거든. 하나의 예로, 1803년에 공채를 발행한 자금으로 프랑스 루이지애나 지역을 사들인 사례가 있지.

제1미국은행의 본점은 필라델피아에 지점은 뉴욕, 보스턴, 볼티모어, 뉴올리언스 등 주요 지역에 자리 잡았고, 그렇게 영업망을 점차 확대해 나갔어. 그럼 현재 미국의 중앙은행인 연방준비제도와 한번 비교해 볼까?

역할을 살펴보면 좀 다른 점도 있어. 제1미국은행은 연방정부의 대리인 성격이 강했어. 그래서 정부의 세금 징수 및 관리와 관

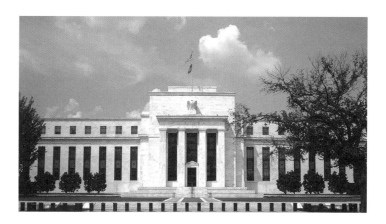

연방준비제도

련한 행정 업무가 많았지. 국채의 이자 지급, 연방정부에 대한 대출 업무 등이 주를 이루었던 거야. 오늘날 연준은 금리를 결정하고 통화 공급을 통제하는 등 금융정책을 시행하고 있어. 하지만 당시 제1미국은행은 경제에 영향을 미치는 금융정책을 조정하는 권한이 미미했어. 쉽게 표현해 정부의 은행이었던 거지. 행정부에 속해 있어 독립적인 권한은 강하지 않았어. 현재의 중앙은행은 정부로부터 독립성을 보장받고 있으니, 지금과는 좀 다른 형태이긴 했지? 하지만 당시 연방정부를 제외하면 가장 큰 규모를 유지하고 있었기에 그 위상은 낮지 않았어.

← 제1미국은행이 민심을 얻은 방법 →

제1미국은행의 가장 큰 역할은 발행한 화폐를 돈에 적힌 금액과 일치하는 가치의 금으로 태환兌換(지폐에 표시된 가치와 일치하는 금이나 은으로 바꿈)해 주었다는 점이야. 그렇기에 제1미국은행의 화폐를 정부에 세금을 낼 때도 사용할 수 있었어. 유통되는 화폐의 할인율이 거의 없었기 때문에 가능한 일이었지.

　　당시 주법은행의 큰 문제점 중 하나는 주법은행에서 발행한 화폐가 금으로 태환이 안 될 수 있다는 점이었어. 사람들이 주법은행의 화폐를 신뢰할 수 없어서 불안감을 느꼈지. 주법은행의 화폐는 이런 문제와 지역적 한계 등으로 인해 액면가보다 할인된 가격에 유통되고 있었어. 그래서 주법은행 화폐로 세금을 납부하려다가 거절당하는 일이 일어나기도 했어.

하지만 제1미국은행의 화폐는 연방정부의 국채를 담보로 발행하기 때문에 안정성이 매우 높았고, 세금을 낼 때 화폐 가치를 온전히 보장받는다는 점에서 사용자들이 선호했지. 그렇게 제1미국은행의 화폐는 무분별한 화폐의 유통 질서를 바로잡는 데 크게 이바지했어. 결국 시장에서 주법은행의 화폐 대신 제1미국은행의 화폐가 널리 쓰이게 됐고, 신용에 대한 인식이 널리 퍼지기 시작한 거야.

제1미국은행은 실질적으로 주법은행을 관리하는 역할도 하게 됐어. 주법은행이 함부로 화폐를 남발하지 못하도록 단속했던 거야. 각 주법은행에서 발행한 화폐를 제1미국은행에서 매입해 모아두었다가 경제의 변화에 따라 통화정책을 운용한 것이지.

예를 들어 경기가 과열되어 시중에 돈이 늘고 투자와 소비가 활성화됐을 때, 제1미국은행은 보유하고 있던 주법은행의 화폐를 금으로 태환하는 거야. 그럼 사람들이 사용하는 화폐의 양이 줄어들겠지? 그러면 별 탈 없이 경제에 거품이 생기는 걸 방지할 수 있어.

반대로 경기가 침체되어 기업의 이익이 줄고, 소득이 줄어들어 소비도 원활하지 않은 때에는 제1미국은행이 주법은행 화폐의 보유량을 줄이는 거야. 이렇게 되면 시중에 유통되는 주법은행 화폐의 양을 증가시킴으로써 경제 활성화를 추구하게 되지. 이런 방법으로 제1미국은행이 주법은행의 화폐 발권을 조절하고 관리하는 역할을 담당하게 되면서 아무도 마음대로 화폐를 찍어내지 못하게 됐어.

이러한 금융정책의 결과로 독립전쟁 이후 미국의 경제적 혼란을 우려의 시선으로 바라보던 유럽 각국의 투자자들은 중앙은행의 긍정적인 측면을 살펴보게 됐지. 두텁게 쌓여가는 신용과 함께 미국으로 투자 자금이 서서히 흘러 들어오기 시작한 거야. 해밀턴이 생각한 중앙은행의 역할이 서서히 빛을 발하게 된 것이지.

04

제2미국은행

투자의 거품이 꺼지고
남은 것

제퍼슨 대통령의 뒤를 이어 제임스 매디슨이 4대 대통령으로 당선됐어. 그는 버지니아 출신으로 제퍼슨의 사상을 이어받은 공화파이자 '미국 헌법의 아버지'로 불리는 사람이야. 한때 해밀턴과 함께 미국 제헌 헌법을 같이 만들기도 했지만, 정치적으로는 해밀턴의 대척점에 서면서 반대 입장을 고수한 인물이지.

이러한 매디슨 대통령의 임기 중에 1791년 설립된 제1미국은행의 기간 만료가 다가왔어. 1811년에 은행의 면허 기간을 연장할지 혹은 만료할지 다시 합의하기로 했었거든. 이 사안을 놓고 다시금 정치적 논쟁이 벌어졌지. 해밀턴을 따르는 연방파는 기간 연장에 힘을 실었어. 제퍼슨을 따르는 공화파는 중앙은행의 즉각 폐지를 주장했지. 당시 재무장관은 공화파 출신의 앨버트 갤러틴Albert Gallatin이었는데, 그는 정파를 떠나 기간을 연장하자는 의견을 펼쳤어. 중앙은행의 필요성에 절대적으로 공감했기 때문이었어.

기간 연장을 반대하는 공화파는 다양한 반대 이유를 제시했어. 중앙은행의 독단적 운영 방식에 따른 주법은행의 독립성 훼손, 설립의 목적과 다르게 나타난 연방정부의 부채 증가 등이 주요 내용이었지. 당시 중앙은행은 연방정부의 예금을 독점적으로 유치하고 있었어. 엄청난 양의 세금을 운영하고 있어서 금융권에서 막강한 힘을 떨쳤지. 더구나 제1미국은행에서 발행한 화폐는 미국 전역에서 동일한 가치로 유통되어 신뢰도가 가장 높았어. 이러다 보니 사실상 누구도 넘볼 수 없는 막강한 권력을 가진 기관으로 비치게 됐지.

그런데 누군가 이렇게 강력한 힘을 가지게 되면 사회에서는 대체로 이 힘을 시기하는 집단이 생기게 돼. 제1미국은행의 경우에는 주법은행이 그랬어. 중앙은행 설립 이후 영향력이 지속적으로 축소된 주법은행은 나름의 해결책을 마련해야 했어. 그래서 정치권에 끊임없이 도움을 요청했지. 중앙은행의 특권 때문에 주법은행의 독립성이 훼손되고 경제적 손해를 입고 있다고 계속해서 주장한 거야. 공화파였던 매디슨 대통령은 주법은행이 의회에 제시한 이

항의를 받아들였어. 제1미국은행 설립 당시 20년으로 제한했던 기간을 연장해 주지 않기로 한 거야. 이 영향으로 제1미국은행의 의회에 기간 연장이 안건으로 올라왔을 때, 근소한 차이로 받아들여지지 않았지. 결국 제1미국은행의 기간 만료가 확정되면서 미국은 다시 중앙은행이 없는 국가가 됐어.

✦— 중앙은행 없는 미국의 몰락 —✦

그렇게 제1미국은행은 프랑스 출신의 필라델피아 상인 스티븐 지라드Stephen Girard에게 매각되어 문을 닫게 됐어. 간섭이 없어진 은행 업계에는 주법은행의 설립이 유행처럼 번져나가기 시작해. 88개였던 은행 수가 1816년에는 246개로 대폭 늘어났어.

주법은행은 은행이 보유한 자산의 세 배에서 다섯 배까지 화폐를 발행할 수 있었어. 하지만 어떤 주에는 제약조건이 없기도 했지. 그 결과 특정 주의 은행에서 무분별하게 발행된 화폐로 사기를 당하는 사람이 늘어나고 자본금이 부족해 금으로 태환을 못 해주어 파산하는 은행이 속출하게 돼. 중앙은행이 주법은행을 관리하고 감독해야 이러한 일이 줄어드는데, 그럴 수가 없으니 문제는 더욱 심각해지기만 했지.

이런 경제적 불안감은 바로 현실로 나타났어. 1812년 전쟁에서도 중앙은행의 빈자리가 뚜렷하게 드러났지. 이 전쟁은 미국과 영국, 그리고 양국의 동맹국 사이에서 벌어진 전쟁이야. 미국이 영국에게 전쟁을 선포하면서 시작됐어.

이때 연방정부는 재정 상황이 급속히 악화된 상태여서 사실 전쟁을 일으키기에는 무리였어. 주법은행의 화폐 남발(금으로 교환이 안 되는 불태환 지폐의 대량 발행)로 대외 신뢰도는 하락했고, 화폐 가치 하락에 따른 인플레이션으로 경제는 급속히 하강하고 있었기 때문이야. 매디슨 대통령은 영국과의 전쟁이 시작된 후, 중앙은행이 없어서 너무도 많은 어려움을 겪게 되지. 말로 다 설명할 수 없을 정도였어. 더구나 전쟁 비용이 생각보다 더 많이 필요하게 되자 허덕이며 겨우 유지되던 연방정부의 재정은 아예 바닥을 드러내고 말았어.

미국은 전쟁 초반부터 영국군에게 기세를 내주었어. 그러다가 1814년에 수도인 워싱턴 D.C.가 함락되고 백악관과 의회 의사당이 불타는 사건이 발생하게 돼.

이러한 치욕적인 광경을 목격하면서 공화파의 매디슨 대통령과 의원들은 전쟁이 종료된 후 바로 중앙은행의 복원을 서두르게 돼. 금융시스템의 안정적 운영과 효율적 재정집행의 중요성을 새삼 깨달은 것이지.

워싱턴 방화 사건을 그린 그림

　1815년에 전쟁이 끝나자 행정부는 의회에 중앙은행 복원을 요청했고 1816년 두 번째 중앙은행인 제2미국은행Second Bank of the United States의 설립이 허가됐어.

　제2미국은행은 필라델피아에서 1817년부터 1836년까지 20년의 면허 기간으로 시작됐어. 제1미국은행과 동일한 기간이었지. 대신 자본금은 3500만 달러로 증가했어. 연방정부가 제2미국은행의 20%의 지분을 가진 가장 큰 대주주였고, 나머지 80%의 지분은 4000여 명의 개인투자가에게 돌아갔어. 대통령이 25명의 이사 가

필라델피아의 제2미국은행

운데 다섯 명을 임명하기로 하고 말이야. 제1미국은행과 마찬가지
로 제2미국은행도 연방정부의 세금을 관리하게 됐는데, 이 때문에
다시금 주 수입원을 뺏긴 주법은행에게 표적이 되기도 했지.

　　1816년 제2미국은행은 경영 초기에 금융 경험이 부족한 경
영진을 뽑게 됐어. 모두 정치적인 결정이었지. 이 영향으로 사기 사
건이나 주식투자 사건에 휘말리는 등 운영에 혼란이 많았어. 금융
정책의 운영을 두고 내부 경영진들의 의견이 엇갈린 건 더 큰 문제
였어. 경제 상황을 기준으로 결정을 내려야 하는 이들이 정치권의
이익을 살피며 흔들렸던 거지.

경기가 과열되면 이를 서서히 가라앉혀야 하는데, 오히려 대출을 늘려 더 심화시킨 경우도 생겼어. 초대 은행장인 윌리엄 존스 William Jones의 빈약한 경제 지식과 경험 부족으로 혼란은 더 심해졌지. 뒤를 이은 은행장 랭던 치브스Langdon Cheves도 썩 훌륭한 인물은 아니었어. 그는 상황을 개선하기 위해 전임자와 반대 방향의 정책을 시행했어. 대출이 과도하게 풀렸다고 판단해 빠르게 자금을 회수해 나갔지. 문제를 해결하려 반대되는 정책을 선택한 건 좋았으나, 너무 짧은 시간 내에 막대한 대출 회수를 시행해 시장의 신용이 급격히 줄었고, 경제 활동의 규모가 축소되는 현상이 발생했어. 은행이 대출을 회수하기 시작하면 기업은 돈을 투자하지 않고, 은행에 돈을 갚기 위해 움츠러들지. 그러면 자연스레 돈의 흐름이 축소되면서 시장에는 돈의 공급이 줄어들고, 시장에 판매하는 물건의 양이 늘어나며 가격이 떨어지게 돼. 그렇게 부동산이나 건물 등의 자산 가격도 하락하는 현상이 발생하는 거야. 토지 가격이 순식간에 하락한 것도 같은 이유야.

✦— 미국 최초의 금융공황이 부동산 때문이었다고? —✦

이런 어수선한 분위기 속에 1819년 미국에서 첫 금융공황이 발생했어. 1819년 공황이라 불린 이 사건은 영국과의 전쟁 과정에서 발행한 화폐(지폐)의 증가와 제조업의 급격한 성장, 서부의 토지 투기 등이 맞물리면서 발생한 금융위기였어.

특히 제퍼슨 대통령이 루이지애나를 매입한 이후 생긴 광대한 서부 토지의 투기 바람이 가장 큰 원인이었어. 사고파는 토지의 양이 증가하면서 토지 가격이 치솟았고, 은행까지 참여해 땅 투기 열풍에 한몫했지. 단기간에 토지 투기로 매매 차익을 본 수많은 졸부가 탄생했고, 이들이 부의 양극화를 부추기면서 너도나도 이 대열에 동참하게 됐어. 토지 가격에 서서히 거품이 형성됐다가 단번에 대출 축소가 이어지자, 과도하게 부풀었던 거품이 순식간에 꺼졌지. 토지 가격의 하락으로 담보 가치가 떨어질 것을 걱정한 주법은행이 대출을 축소하고 기존 대출금을 잇달아 회수했어. 그러자 돈을 갚지 못하는 사람들이 무너지기 시작했어. 이 과정에서 담보로 잡은 토지는 헐값에 처분되고 재정 균형과 건전성을 맞추지 못한 주법은행이 잇달아 파산하기 시작했지.

그렇게 금융공황이 발생한 거야. 이 여파는 1821년까지 3년간 지속됐어. 어수선한 경제 환경으로 울화가 치민 시민들은 제2미국은행이 경제를 무너뜨린 주범이라는 생각을 하게 돼. 사실 완전히 틀린 말은 아니었어. 따지고 보면 제2미국은행은 1819년 공황을 미리 대비해야 했어. 경제에 미치는 부작용을 최소화하기 위해 대출 회수를 자제하고 서서히 이자율을 올려서 유동성(돈)의 공급을 줄이는 방향으로 문제를 해결해야 했지. 하지만 제2미국은행은 정반대로 빠르게 대출을 회수하는 데 급급한 모습을 보였어. 그렇게 공황의 위험성과 대중의 심리적 불안감을 더 키우고 말았지.

이 공황의 영향으로 사람들은 비로소 정치에 관심을 가지게 돼. 정부 정책이 얼마나 일상에 밀접한 것인지를 이때야 깨달은 거야. 결과적으로 실업률이 상승하고 실업자들이 거리로 쏟아지면서 부의 양극화는 더 심해졌고, 재정이 취약했던 주법은행들은 우수수 무너졌어. 하지만 제2미국은행은 살아남았지. 연방정부의 수입

니컬러스 비들

을 운용하다 보니, 오히려 여유 자금으로 주법은행에 대한 통제력을 더 강화하는 계기가 된 거야.

이때 세 번째이자 마지막 은행장인 니컬러스 비들Nicholas Biddle이 취임하고 나서야 제2미국은행은 마침내 원래의 역할을 하게 돼.

하지만 비들의 앞날도 결코 순탄하지는 않았어. 대통령과의 한판 싸움이 남아 있었거든. 이제 금융과 정치가 맞붙어 싸운 '은행 전쟁Bank War'이라 불린 사건을 함께 알아보자.

05

은행 전쟁

정치가 경제를 좌우할 때
일어나는 재앙

중앙은행장으로 취임한 비들은 엄격한 기준과 정확한 신용을 바탕으로 제2미국은행을 키워나갔어. 그는 경제 상황에 맞춘 화폐 발급으로 통화를 조절했는데, 주법은행의 화폐 유통량을 강력하게 통제해 안정적으로 운영하게 만든 거야. 즉 돈의 흐름이 넘치지 않게 관리한 것이지.

　　또 주법은행에 고객들의 인출 요구가 한꺼번에 몰리게 되면, 비들은 즉시 중앙은행의 돈(유동성)을 주법은행에 공급해 주법은행이 사람들에게 인출해 줄 수 있도록 지원했어. 시중에 돈을 풀게끔 유도한 거야. 그렇게 돈의 공급이 늘면 경제가 활성화되도록 돕는 역할까지 도맡았지. 사실상 최종대부자(대출 기관) 역할도 했던 거야. 은행이 파산하지 않게 선제적으로 대응한 셈이지. 결과적으로 적절한 화폐 발행과 통화량 조절을 통해 연방정부의 경제를 튼튼히 만들어갔어.

하지만 비들의 이런 노력과 업적에도 당시 분위기는 좋지 못했어. 사회적 갈등이 일어나는 근본적인 이유 중 하나는 보이지 않는 계급 간의 격차지. 이 시대도 그런 갈등이 깔려 있었던 거야. 서민이 특권층을 바라보는 시선이 좋지 않았고, 은행가를 향한 감정이 부정적인 시기였어. 은행장인 비들은 필라델피아 명문가 집안 출신의 유학파였는데, 서민 출신으로 대통령에 당선된 앤드루 잭슨은 이런 비들에게 거부감을 느끼고 있었어. 잭슨은 평소 은행가들을 '화폐 권력'이라고 부르기도 했을 정도였으니까.

그럼 미국의 7대 대통령인 앤드루 잭슨은 어떤 사람이냐고? 그는 1767년

앤드루 잭슨 대통령

사우스캐롤라이나 변방의 가난한 아일랜드계 이민자 집안에서 태어났어. 미국 독립전쟁 기간에 어머니와 형제를 잃고 고아로 성장했지. 그래서 영국에 대한 반감이 대단했다고 해. 어린 시절부터 처절하게 고생하며 성장한 그는 독학으로 법률을 공부했어. 그렇게 변호사 자격증을 취득하여 테네시주 내슈빌에서 활동했지.

잭슨은 이곳에서 땅 투기로 큰돈을 벌었는데, 우연히 다른 사람의 채무 보증에 휘말려 곤욕을 치르게 돼. 보증 문제를 해결하는 데 무려 15년의 세월이 걸렸어. 거의 모든 재산을 날릴 위기를 경험한 그는 이 사건 이후 은행에 깊은 반감을 갖게 돼. 은행은 오직 돈벌이밖에 모른다는 생각을 품게 된 거야.

이런 잭슨이 세상에 이름을 알린 건 1812년, 영국과의 전쟁이 벌어졌을 때였어. 전쟁 막바지에 일어난 뉴올리언스 전투에서 민병대를 거느린 잭슨이 영국 정규군에 엄청난 대승을 거두면서 전쟁 영웅으로 떠올랐어. 전국적으로 이름을 떨칠 정도였다고 해.

이 영향으로 1829년 대통령에 당선된 그는 제2미국은행을 향한 거부감을 숨기지 않았지. 이런 배경에는 잭슨의 정치 철학도 포함돼 있었어. 그는 자유방임주의 정책을 지지했거든. '개인의 이익을 존중하기 위해 동등한 기회를 부여하고, 이를 실현하는 과정에 정부가 개입하여 개인의 이익 실현과 그에 대한 노력을 간섭하면 안 된다'는 것을 강조한 정책이야. 잭슨의 이 철학에 가장 큰 걸림

돌이 되는 것이 바로 제2미국은행이었지.

　　잭슨은 중앙은행인 제2미국은행이 연방정부의 세수입으로 막대한 자금을 운용하고 있고, 그로 인한 권력을 소수 특권층의 이익을 위해 사용하고 있다고 여겼어. 중앙은행이 정부를 이용해서 독점과 특혜를 누리고 있다고 본 거지.

✦ "내가 은행을 죽였다" ✦

잭슨 대통령과 비들 은행장의 사이가 극단적으로 나빠진 건 제2미국은행의 기간 만료 때문이었어. 20년 동안 이어졌던 면허가 종료되는 시기가 가까워져 오자, 또다시 연장 여부를 두고 격렬한 정치적 논쟁이 이어졌어. 대통령 선거 때 주요 공약의 하나로 거론될 정도였지. 잭슨은 제2미국은행이 가진 기득권을 강한 어조로 비판했고, 화폐를 발행하는 권한을 의회가 가져야 한다는 뜻을 내비치기도 했어. 이러한 분위기라면 제2미국은행의 기간 연장은 사실상 물 건너갔다고 봐야 할 정도였지.

　　은행장인 비들은 갈 길이 바빠졌어. 중앙은행을 살리기 위해 잭슨 대통령을 설득하려고 몇 번이나 노력했지만, 오히려 감정의 골만 깊어졌지. 결국 조바심이 난 비들은 제2미국은행의 기간이 만료되기 4년 전인 1832년에 결단을 내려. 의회 의원들에게 직접 은행 연장에 대한 안건을 요구한 거야. 갑론을박 토론을 거쳤지만 결과적으로 최종 연장 승인이 났어. 한숨 돌린 비들은 설마 대통령이 이 결과를 거부하랴 생각했지. 하지만 그건 오판이었어. 단단히 뿔이 난 잭슨 대통령은 그해 7월 장황한 설명과 함께 이 안건에 거부권을 행사해 버려. 결국 비들의 기간 연장 시도는 실패로 끝나게 돼. 의회에서도 반발이 쏟아졌지만 잭슨 대통령은 개의치 않았어.

이후 잭슨 대통령은 정치적 보복에도 나서. 제2미국은행의 연방정부 자금을 모두 주법은행으로 이관하라는 지시를 내린 거야. 엄청난 자금이 순식간에 주법은행 쪽으로 빠져나가자 제2미국은행은 급속히 영향력을 잃었지.

하루아침에 정부의 자금을 받게 된 주법은행들을 사람들은 '애완 은행pet banks'이라고 부르기도 했어. 잭슨 대통령에게 고분고분 순종한다는 의미를 담은 조롱의 뜻이었지. 갑자기 떼돈을 보관하게 된 주법은행들은 차고 넘치는 자금을 놀리지 않고 투자에 나섰어. 주법은행의 하위 은행에 재투자(쉽게 표현해 투기)를 했는데, 대다수의 하위 은행이 일명 살쾡이은행Wildcat banking이었어. 살쾡이은행이란 소유한 자본금 대비 화폐를 초과 발행한 소규모 은행들을 뜻해. 사람들이 잘 다니지 않는 외진 시골이나 찾기 힘든 곳에 터를 잡아서 금이나 은으로 태환하기가 사실상 불가능하다는 의미로

살쾡이은행 예상 모습

붙은 이름이야.

　　이러한 살쾡이은행에 투자한 주법은행들은 결국 투자 자금을 회수하지 못하게 돼. 그리고 이 흐름은 1837년 공황이 발생한 하나의 원인이 되지.

　　그래서 제2미국은행의 운명은 어떻게 됐냐고? 잭슨 대통령의 완강한 태도로 인해 기간 연장에 실패하고 문을 닫게 됐어. 역사 속으로 사라진 거야. 중앙은행장 비들과 잭슨 대통령이 중앙은행을 두고 벌인 갈등을 역사에서는 은행 전쟁이라고 불러. 결국 정치권이 승리한 사건이라고 볼 수 있지.

잭슨 대통령은 필사적으로 노력해서 1834년에 연방정부가 진 모든 채무를 상환했어. 이때가 미국 건국 이래 처음이자 마지막으로 연방정부의 부채가 '0'이었던 시대야. 하지만 이를 위해 급격하게 재정을 축소해야 했어. 그래서 시중에 유통되는 화폐가 부족해졌지. 더구나 부채 청산을 위해 세금을 올리는 관세 인상 정책과 국가 인프라 건설을 축소하여 예산을 절감하는 방식을 동시에 진행하면서 경제가 급격히 위축됐어. 이후 다시 경제 불황을 불러오는 계기가 마련된 거야.

잭슨 대통령이 이렇게 무리하면서까지 국가의 부채를 정리한 이유가 뭐였을까? 사실 아주 단순한 이유였어. 빚이란 그 자체로 나쁘다고 생각한 거야. 그리고 국가의 채권 발행을 억제하여 지폐를 모두 없애고 오로지 금화나 은화만으로 이루어진 유통 체계를 만들려 했지. 그는 지폐를 극도로 싫어했다고 해. 젊은 시절에 보증과 은행 대출 문제로 오랫동안 소송에 시달린 경험이 은행과 관련된 모든 것을 증오하게 만든 거지. 그는 실물 가치를 지닌 금속 화폐 이외의 모든 것을 불신했어. 국채 발행을 통해 은행가들이 화폐를 발급하고 이익을 얻는 것도 혐오했고 평소에도 "내가 은행을 죽였다"고 자랑할 정도였지.

　　그렇게 제2미국은행이 사라진 미국은 이후 중앙은행이 없는 나라가 되어 20년 간격으로 극심한 경제적 혼란과 불안을 겪었어. 중앙은행이 없어지면서 다시금 주법은행이 활개 치게 된 이 시기를 자유은행시대Free Banking Era라 부르며 말이야.

06

국립은행법

순식간에 회복된
은행권의 신용

해밀턴의 의지로 설립된 제1미국은행은 정치적 이유로 막을 내렸고, 제2미국은행도 운영 기간이 종료됐어. 이후 1837년부터 1862년까지가 자유은행시대인데, 사실상 주법은행의 시대였지.

　　자유은행시대에는 근본적으로 몇 가지 문제점이 있었어. 앞서 설명한 살쾡이은행도 그중 하나야. 외진 곳에 있어서 화폐를 금이나 은으로 태환하는 게 불가능했다고 했으니, 사기나 다름없었던 거지. 어떻게 이런 일이 가능했을까?

　　그 이유를 알기 위해서는 은행이 어떻게 돈을 버는지를 먼저 살펴봐야 해. 은행은 크게 세 가지 방법으로 수익을 얻어. 예대 마

살쾡이은행에서 발행한 지폐

진(대출 이자에서 예금 이자를 뺀 나머지 부분)을 통해 돈을 벌기도 하고, 채권을 사고팔 때 생기는 수수료를 받기도 하고, 외환을 사고팔거나 중개해서 수수료를 얻기도 하지. 그중에서도 사람들에게 대출을 해주고 이자를 받는 게 가장 크게 수익을 내는 방법이야.

하지만 당시 은행의 가장 큰 수입원은 대출 이자가 아닌 은행에서 인쇄한 지폐(은행권)를 발행해 얻는 이익이었어. 원래 지폐를 발행하기 위해서는 적절한 수준의 담보와 태환에 필요한 금과 은을 소유하고 있어야 했는데 그렇지 못한 은행이 많았지. 더구나 주법은행은 하나의 주 안에서만 운영이 가능했기 때문에 다른 주에 지점을 낼 수가 없었어. 즉 규모나 성장의 한계가 뚜렷했고 대출 대상도 적을 수밖에 없었지. 그래서 여러 주에 수많은 주법은행을 만들어 대량의 지폐(은행권)를 공급하는 것이 가장 큰 수입원이 될 수밖에 없었던 거야.

이로 인해 각 주의 주법은행에서 발행한 다양하고 많은 양의 각종 지폐가 시중에 유통되고 있었고, 당연히 은행의 신용도에 따라 대부분의 지폐는 액면가보다 할인되어 취급됐지.

당시 은행의 평균 운영 기간은 약 5년 내외였는데, 심지어 전체 은행의 약 50% 이상이 불안한 재무 상태에 처해 있었다고 해. 지폐를 금으로 태환할 수 없어서 약 3분의 1의 은행이 파산했다는 기록도 있어.

이런 불안한 상황을 지켜보던 연방정부는 혼탁한 지폐가 더 이상 경제에 혼란을 주면 안 된다는 의지를 가지게 돼. 발행되고 있는 수천 종의 지폐를 정리할 필요성을 느낀 거야. 결국 엄격한 기준을 마련해서 이를 통과하는 주법은행을 가려내기로 결정했어. 그렇게 남북전쟁 중인 1863년 국립은행법이 도입됐지. 이 법안은 링컨 대통령의 주도로 진행됐는데, 금융의 안정은 물론 남북전쟁에 자금을 지원하기 위한 목적도 포함되어 있었어. 이때부터 연방준비제도가 창설된 1913년까지를 국립은행 시대National Banking Era라고 불러.

← 연방정부가 내민 당근과 채찍 →

연방정부는 이 법을 통해 기존 주법은행들 중 일부를 국립은행으로 전환하고자 했어. 주법은행은 주 정부가 허가한 은행이지만, 국립은행은 연방정부가 인가를 내준 은행이라는 뜻이야. 다만 설립과 운영은 똑같이 민간이 주도하는 것으로 정했어. 연방정부가 설립하고 운영하는 은행이 아니었던 거지. 다만 정부가 인정한 은행이라는 점을 내세울 수 있어서 다른 주법은행과 달리 높은 신용도를 보증할 수 있었어.

국립은행법에 따라 주법은행이 국립은행이 되려면 지켜야 하는 몇 가지 엄격한 기준이 있었어. 먼저 당시에는 상당히 큰 금액인 5만 달러를 자본금으로 소유하고 있어야 하며, 이 중 3만 달러를 연방정부 채권으로 보유하고 있어야 했지. 이를 통해 연방정부는 국립은행에 채권을 손쉽게 팔 수 있는 장점이 생기는 거야. 아울러 허가를 받아 발행하는 은행권(지폐)은 반드시 자본금과 채권으로 전환된 준비금 이내여야 했지. 즉 언제든지 태환이 가능한 은행을 만들고자 한 거야.

까다로운 조건에 비례하여 부여된 특권도 있었어. 바로 한 개의 주 단위를 벗어나 전국 단위로 유통이 가능한 은행권을 발급할 수 있다는 것이었어. 당시 고객이 태환을 요청했을 때 즉각 교환이 가능한 금을 보관하고 있는 은행이 별로 없었어. 지급준비금이라 해서 일정 부분 태환이 가능할 정도로만 금을 보관하고 있었는데, 그 기준보다도 더 적게 금을 보유한 은행은 사실상 담보 여력이 부족하다고 할 수 있지. 이런 주법은행의 은행권은 신용도가 떨어져서 할인되어 유통되고 있었잖아. 그런데 연방정부가 보증하는 믿을 수 있는 은행권이라는 인식은 대중에게 그 자체로 강력한 신뢰를 주었어.

연방정부는 이러한 혜택이 있으니 많은 주법은행이 국립은행으로 전환을 신청할 거라고 믿었지만, 처음부터 일이 뜻대로 진행되지는 않았어. 거금인 5만 달러를 준비하는 게 힘들었던 걸까? 그것도 맞아. 하지만 그보다 주법은행들이 연방정부의 간섭을 받는 것 자체를 몹시도 싫어했던 거야.

주법은행의 신청을 기다리다 지친 연방정부는 새로운 방법을 썼어. 1865년, 국립은행으로 등록되지 않은 주법은행이 은행권을 새로 발행할 경우 액면가의 10%에 해당하는 세금을 부과하는 법안을 통과시킨 거야.

이렇게 세금이 이전보다 높아지자 주법은행이 은행권 발행으로 얻던 수익이 크게 줄어들 건 당연한 일이었어. 결국 눈치를 보던 주법은행들은 버티지 못하고 줄지어 국립은행으로 전환 신청을 하게 돼. 연방정부가 의도한 대로 일이 흘러간 거야. 1865년에는

1500개의 국립은행이 생겨났고, 1870년에는 1638개로 국립은행의 수가 늘어났어. 반면 남아 있는 주법은행의 수는 대략 300여 개로 줄어들었지.

상황이 이렇게 되자 부실한 주법은행과 이들이 발행한 수천 종의 은행권이 순식간에 시장에서 사라졌어. 사람들에게 혼란을 주던 지폐들이 단번에 정리된 거야. 이제 연방정부(북부)가 남북전쟁의 자금을 마련하기 위해 직접 발행한 '그린백'과 국립은행이 발행한 은행권만 유통되고 있었어. 점차 은행권이 안정화되면서 혼란과 불신이 극심했던 화폐 시장은 신용을 되찾았어.

07

1907년 금융공황

❖━━━━━━ ❖ ━━━━━━❖

은행을 위기에 빠뜨린
인간의 욕심

1900년대 미국 경제는 남북전쟁이 끝난 뒤 급격히 불어온 산업화의 영향으로 눈에 띄게 성장했어. 무역 교역량도 크게 늘어나며 호황에 접어들었어. 연방정부의 세금 수입도 증가해 즐거운 나날의 연속이었지.

하지만 시대를 뒤흔드는 경제적 사건은 돌발적으로 발생하기 마련이야. 물론 언제나 전조는 있지만 이를 읽지 못하는 경우도 많잖아. 이번 위기는 서부 몬태나주의 도시 뷰트에서 일어난 하나의 작은 사건에서 시작됐어. 서부 구리광산에서 발생한 사건이 미국 경제 전체를 뒤흔들게 될 줄은 그 누구도 예상하지 못했지. 주인

공은 바로 '몬태나의 구리왕'이라 불리는 오거스터스 하인츠Augustus Heinze라는 사람이야.

하인츠는 1869년 뉴욕 브루클린에서 태어나 맨해튼에 있는 컬럼비아대학교에서 토목공학을 공부했어. 학교를 졸업한 후에는 서부 몬태나주에서 말단 측량기사로 사회생활을 시작했지. 그가 자리를 잡은 곳은 꽤 외진 동네였어. 성공하려는 욕심 때문에 그 지역에서 일을 시작했다고 해.

하인츠는 측량기사로 일하며 악착같이 모은 돈으로 몬태나주 뷰트의 작은 구리광산을 샀어. 당시 이 지역은 크게 한 방을 터뜨려 한몫 단단히 챙기려는 구리광산주들로 가득했는데, 사실상 불법과 폭력이 난무하는 무법지대였지. 하인츠는 이런 험한 곳에서도 단연 으뜸일 정도로 그 악랄함과 영악함이 남에게 뒤지지 않았어.

그는 자신의 구리광산을 이용해서 정직하지 못한 방법으로 남의 광산 밑까지 파고들어 구리를 채굴하며 부를 축적했어. 손해를 두고 보지 못한 다른 광산주들이 소송을 걸어오는 일도 있었지. 그런 경우에는 대규모 변호인단을 구성하거나 주 법원 판사를 매수하는 방식으로 남의 광산을 빼앗고는 했어. 심지어는 협박과 회유로 승소하는 일도 많았지. 1906년에는 록펠러 소유의 구리광산 회사와 분쟁이 생겼는데, 긴 소송 과정 동안 상대 회사를 다방면으로 괴롭혔다고 해. 그 행태에 질린 구리광산회사 경영진은 결국 1200만 달러라는 거금을 주고 하인츠의 회사를 인수하게 돼.

기꺼이 회사를 팔아넘긴 하인츠는 돈을 챙겨서 1907년에 뉴욕으로 돌아왔어. 뉴욕에서 금융업에 투자하여 더 큰돈을 노리기로 마음먹은 거야. 그리고 당시 뉴욕의 유명한 부자였던 찰스 모스 Charles Morse와 손을 잡지. 찰스 모스는 '얼음 왕The ice King'이라 불릴 정도로 얼음 사업을 크게 벌였던 사람이야. 1899년 뉴욕의 21개 얼음 회사를 몽땅 합쳐서 독점 얼음 회사를 만들었어. 뉴욕의 모든 얼음을 한 회사가 관리하게 된 거지. 그렇게 큰 부를 쌓았지만 사실 모스는 뉴욕 월스트리트에서 악명 높은 사업가이자 투기꾼이었어. 정치인에게 뇌물을 주고 이들의 보호를 받으며 사업을 운영해 나갔던 것이지.

욕심이 넘치는 하인츠와 모스는 서로 의기투합하여 일을 벌이기로 했어. 주가조작으로 큰돈을 또 한 번 벌어들이고자 한 건데, 그 대상이 된 회사는 '유나이티드 코퍼United Copper'라는 곳이었어. 이 회사를 통해 구리를 매점매석하여 주가를 올리는 전략을 세우고 막대한 자금을 동원했지. 매점매석은 대규모의 돈을 투입해 제품을 엄청나게 사서 모았다가 공급이 부족해서 제품 가격이 오르면 한꺼번에 비싼 가격에 팔아 이득을 챙기는 수법이야. 하인츠의 교묘한 작전이 시작되자 주가는 활주로를 벗어난 비행기처럼 마구 올라가기 시작했어. 시장의 관심을 받으면서 투기꾼이 구름같이 몰려들었지.

하지만 구리광산 소송 때부터 하인츠를 벼르고 있던 록펠러의 회사가 유나이티드 코퍼의 주식을 무차별적으로 매각(공매도)하자 주가는 단 며칠 만에 철저히 무너져 내렸어. 그러자 상황이 급변했지. 하인츠는 가진 돈 없이 마진론(보유 주식을 담보로 은행 등의 금융회사로부터 빌린 돈)으로 계속 주가를 올리고 있던 상황이었거든. 그는 폭락한 주식 가격만큼 빌린 돈의 상환 압박에 시달려야 했어.

결국 하인츠는 눈물을 머금고 헐값에 주식을 내다 팔기로 했어. 막대한 손실이 현실로 이어지면서 그의 작전에 동업자로 참여했던 찰스 모스가 소유한 '머컨타일내셔널은행'에서 뱅크런Bank-run이 발생해. 뱅크런은 은행이 망할 것이라는 두려움 때문에 사람들이 한꺼번에 몰려들어 보관하던 예금을 인출하는 상황을 뜻해. 이처럼 대량 예금 인출이 벌어지면 은행은 돈을 모두 내줄 수가 없어서 파산하게 되지. 월스트리트에 하인즈와 찰스가 망했다는 소문이 쫙 퍼지면서 머컨타일내셔널은행에도 뱅크런이 일어난 거야. 이 영향으로 이 둘과 연계된 수많은 은행과 신탁회사에서 예금 인출 사태가 추가로 발생하면서 큰 혼란이 발생했어. 단지 두 사람이 소유한 금융회사와 거래를 했다는 이유만으로 다른 금융회사들도 망할 수 있다는 소문이 퍼지고 만 거야. 한마디로 아비규환이었지.

✦── 불안감이 빚어낸 경제 위기 ──✦

여기서 결정적으로 방아쇠를 당긴 사건이 뒤를 이었어. 뉴욕의 3대 은행이었던 니커보커 트러스트Knickerbocker Trust 신탁회사에도 뱅크런이 일어난 거야. 당시 이 은행의 행장은 찰스 바니Charles Barney라는 사람이었는데, 그가 이번 주가 조작과 관련이 있다는 소문이 돌기 시작한 것이지. 찰스 바니는 은행을 살리기 위해 백방으로 노력했으나 모든 것이 불가능해지자 얼마 뒤 총기 자살을 하고, 결국 수많은 사람의 예금 인출 요구를 감당하지 못한 회사도 파산하고 말았지.

당시 신탁회사는 은행과 달리 뉴욕 청산소(긴급한 은행 요청에 따라 일시적으로 회생 자금을 빌려주는 곳)에서 급히 사용할 자금을 지원받을 수가 없었어. 아울러 은행의 경우 뱅크런에 대비하여 지급준비금을 25%까지 보유하고 있어야 했지만, 신탁회사는 그 비율이 5% 내외였기에 유동성 차원에서도 쉽게 무너질 수 있는 약한 구조였지. 사실상 규제를 받지 않고 있었던 거야.

결국 파산에 대한 불안감이 월스트리트 전체에 퍼지면서 다른 신탁회사에서도 자금 인출 요구가 증가하게 됐어. 멀쩡했던 신탁회사들이 하루아침에 몰려든 고객들에게 지급 요청을 받게 된 거야. 신탁회사들은 파산을 피하기 위해 보유하고 있던 자산(주식,

채권 등)을 헐값에 매각하기 시작했어. 그러자 바로 금융시장이 출렁였지. 쏟아지는 매물 때문에 전체 금융시장까지 충격이 번진 거야. 고객의 심리적 불안이 한순간에 급속히 확산되면서 금융공황이 불어닥친 것이지.

이 사건이 바로 1907년 금융공황이야. 사실 이 공황은 이후에 일어난 1929년 대공황Great Depression만큼 심각하지는 않았어. 하지만 당시에는 금융시장 전체를 혼란에 빠트린 사건이었지. 돈을 찾으려는 이는 많은데 지급해 줄 돈이 없는 상황이 벌어졌어. 이 난국을 해결할 단 하나의 방법은 구제 금융을 제공해 줄 누군가를 찾는

1907년 예금 인출을 위해 거리로 나온 사람들

것이었어. 참고로 2008년 금융위기 때는 이 역할을 연방준비제도가 담당했어. 하지만 이 시기에는 최종대부자 격인 중앙은행이 존재하지 않았기에 그 누구도 해답을 찾을 수 없었지.

때마침 교회에서 예배 중에 이 급박한 소식을 들은 노쇠한 은행가 J. P. 모건은 급히 뉴욕으로 돌아왔어. 그리고 뉴욕에서 무슨 일이 일어나고 있는 건지 상황 파악에 나섰지. 모건은 특유의 판단력으로 무엇이 필요하며, 일을 어떻게 처리해야 할지를 바로 알아차렸어. 그는 먼저 자신이 가지고 있던 자금과 재무부의 특별 승인을 받은 연방정부 자금(약 3500만 달러), 네트워크를 발휘해 동원한 은행 자금을 총동원하여 급히 돈이 필요한 은행과 신탁회사에 즉각 투입했지. 또 신탁회사의 예금 인출이 더 진행되지 않도록 우량 고객들을 설득하기도 했어.

그로 인해 잠시 시장은 숨을 고르듯 안정감을 찾았지만, 한번 불기 시작한 불안감은 다시 휘몰아쳤어. 더 많은 사람들이 돈을 인출하겠다고 은행과

J. P. 모건

신탁회사로 몰려들었고, 은행이 지원받은 자금은 점점 줄어들었어. 그렇게 상황은 점차 더 심각해졌지. 사실상 월스트리트의 금융가 대부분이 파산 위기에 처해 있었어. 모건도 파국을 맞이할 판이었어.

모건은 정면 돌파를 결심하고 특단의 조치를 취해. 금융권의 고위 인사 50여 명을 자신의 서재로 불러 모은 뒤 해결 방안이 나올 때까지 아무도 나가지 못 하도록 문을 걸어 잠갔어. 서재에 갇힌 은행가들은 서로 손해를 감수하며 극적인 타협을 이끌어 냈어. 2500만 달러 상당의 구제금융이 마련됐고, 이 돈은 즉시 필요한 곳에 공급됐지. 이렇게 뉴욕은 3주에 걸쳐 금융위기에서 벗어나게 돼. 모건이 주도한 이날의 '서재 회동'은 이후 금융위기 때마다 곧잘 언급되는 유명한 사건의 하나로 기록됐어. 개인의 능력으로 금융위기를 극복한 사례가 생긴 거야.

모건의 노력으로 금융위기를 극복하게 되자 언론을 비롯한 각계에서 그에 대한 칭찬이 끊이지 않았어. 심지어 그의 정치적 적수였던 시어도어 루스벨트 대통령까지 모건에게 감사의 말을 전했지.

하지만 완전한 해피엔딩은 아니었어. 연방정부가 큰 충격을 받았거든. 국가가 위급할 때 결국 위기를 해결해 줄 수 있는 곳이 바로 월스트리트라는 현실을 받아들이기 힘들었던 것이지. 정치 지도자들은 민간이 아닌, 연방정부의 주도로 위기를 해결해야 한다는 생각을 품게 됐어. 이러한 위기의식은 1908년 의회에서 올드리치-브릴랜드법Aldrich-Vreeland Act을 통과시키는 계기가 됐고, 이를 통해 세 번째 중앙은행인 연방준비제도가 탄생하게 되지. 하인츠가 일으킨 작은 날갯짓이 미국의 세 번째 중앙은행을 만들게 될 줄은 그 누구도 몰랐을 거야.

08

연방준비제도

❖ ─────────────── ❖ ─────────────── ❖

전 세계에 영향을 미치는
중앙은행의 탄생

1907년 금융공황이 은퇴한 은행가 J. P. 모건의 능력으로 해결된 이후, 정부와 금융권 사람들은 '과연 또다시 이러한 금융위기가 닥친다면 그땐 어떻게 해야 하지? 또다시 모건에게 의지할 수밖에 없나?' 하는 의문을 갖게 됐어. 전반적인 금융 문제를 해결하기 위한 대책 마련이 필요했던 거야.

1908년 의회는 로드아일랜드주 상원의원이었던 넬슨 올드리치Nelson Aldrich가 주도하여 작성한 올드리치-브릴랜드법을 통과시켰어. 이 법안은 긴급한 금융위기 시 필요한 유동성(돈)을 적시에 공급하는 방안에 대한 것이었지.

이를 위해 첫째, 금융위기가 닥쳤는데 화폐의 공급이 부족할 경우 연방정부 및 주 정부의 채권을 기초로 하여 화폐를 추가 공급할 수 있게 허가를 내주기로 했지. 둘째, 자본금 500만 달러 규모의 국립은행 중 10개 이상을 합쳐 국가통화연합을 만들어 금융위기가 닥쳤을 때 즉시 유동성을 공급할 수 있도록 했지.

그리고 금융시스템 개혁을 연구하기 위해 국가통화위원회를 만들었어. 이 위원회의 목적은 미국 통화제도의 안정성을 높이는 방안을 연구하는 것으로, 상원과 하원의원 각각 아홉 명으로 구성됐지. 위원장은 넬슨 올드리치가 맡았어.

올드리치가 주관한 국가통화위원회는 3년 동안 유럽의 중앙은행과 영국의 잉글랜드은행을 조사하고 미국의 금융 현황 등을 광범위하게 정리한 보고서를 작성했어. 하지만 별다른 진전을 이루지는 못했지. 결국 1910년 11월 조지아주 지킬섬의 J. P. 모건 별장에 올드리치 위원장을 비롯해 월스트리트의 주요 은행가들이 모여서 논의를 진행하게 돼. 여기서 나눈 이야기를 정리하여 연방정부에 제출한 자료가 '올드리치 플랜Aldrich Plan'이야.

올드리치 플랜의 핵심 내용은 미국 내 유럽 방식의 중앙은행을 설립하되, 지배 구조를 정부가 아닌 민간이 갖는다는 것이었어. 그 이유는 정부가 금융 문제에 사사건건 정치적 입장에 맞게 개입하는 것을 사전에 차단하기 위해서였지. 하지만 이 내용이 발표되자 바로 뜨거운 논쟁이 일어나게 돼. 화폐 공급의 결정권을 정부가 아닌 은행가에게 넘겨준다는 점에서 비판을 받았지. 결국 의회에서 이 내용은 거부돼.

1912년 대통령 선거에 돌입하면서 각 당의 주요 쟁점으로 올드리치 플랜과 금융 개혁이 떠오르게 돼. 당시 대통령 후보로 출마를 선언한 사람은 공화당의 윌리엄 태프트 현 대통령과 그를 저지하고자 제3당을 만들어 출마한 진보당의 시어도어 루스벨트 전 대통령, 민주당의 우드로 윌슨Woodrow Wilson(뉴저지 주지사 출신)이었지.

공화당의 태프트 대통령과 루스벨트 전 대통령 간의 갈등과 분열 끝에 결국 제28대 대통령으로 민주당의 우드로 윌슨이 당선돼. 민주당이 16년 만에 정권을 잡은 상황이었어. 민주당의 승리는 올드리치 플랜의 앞날을 더 어둡게 만들었어. 선거 기간 내내 민주당이 이 내용을 가장 많이 반대했거든.

하지만 극적인 변화가 일어나. 1912년 12월, 대통령 취임을 앞둔 윌슨은 카터 글래스Carter Glass 의원에게 중앙은행 설립법의 수정안을 제출하도록 지시하지. 이후 글래스 의원에 의해 올드리치 플랜의 재검토와 수정 작업이 진행됐어. 얼마 후 그가 정리한 수정안이 처음으로 공개되자, 은행가를 대표하는 월스트리트와 농민을 대표하는 진보 측 모두 이에 반대 의견을 내놓게 돼. 은행가들은 금융과 관련된 문제에 연방정부의 간섭이 지나치다며 비판했고, 진보

측은 중앙은행 제도의 운영에 연방정부의 권한이 너무 제한적이라며 상반된 의견을 냈어. 양쪽을 만족시키기 위해 조금씩 양보하다 보니 모두가 반대하는 결과가 나온 셈이지.

◆ 돌아온 미국의 중앙은행 ◆

공화당에서는 내부에서 수정한 법안을 내놓기도 했어. 하지만 1913년 12월 19일 진행된 상원 투표에서 글래스 의원의 법안이 공화당의 법안을 제치고 44대 41이라는 표로 최종 승인을 받지. 이어진 하원에서도 54대 34로 표를 받아 연방준비법Federal Reserve Act이 최종적으로 통과돼.

연방준비제도의 도장

크리스마스를 이틀 앞둔 12월 23일 오후에 월슨 대통령이 최종 서명을 했고, 이렇게 월슨이 대통령이 된 지 1년도 되지 않은 시점에 중앙은행 설립을 위한 금융개혁법안이 완성됐어.

이 법안을 통해 미국의 세 번째 중앙은행이 탄생했어. 1914년 연방준비위원회가 설립된 후 마련된 법안의 주요 내용은 국가의 효율적인 화폐 공급 및 관리, 은행에 대한 체계적인 관리와 감독 권한 부여, 최종대부자 역할을 담당하는 12개 지역 연방준비은행을 구성하는 연방준비제도 이사회에 관한 것이었어. 이후 1933년에 연방 공개시장위원회를 만들기 위해 일부 개정이 됐어. 이것이 바로 지금의 미국 중앙은행인 연방준비제도야.

사실 연준은 연방정부 소속이 아닌, 월스트리트의 은행가들이 주축이 된 연합체라고 볼 수 있어. 전 세계에서 공용으로 사용하는 미국의 달러는 미국 재무부 채권을 담보로 하여 연준에서 발행해 지역별 연준 회원 은행과 연방정부에 공급되고 있어. 다만 연준의 의장과 이사는 미국 대통령이 지명하고 상원에서 인준을 받게되어 있지. 아울러 연준에서 발생한 이익은 일정 부분의 배당금을 제외하고 모두 재무부로 귀속되어, 사실상 연방정부 기관으로 인식되는 경우도 많아. 전 세계의 중앙은행 중 가장 영향력이 강하고 금융 분야에서 차지하는 비중이 가장 높다고 할 수 있는 기관이야.

한국 경제가 연준의 결정을
두 눈 빠져라 기다리는 이유
연방준비제도의 영향력

우리나라의 중앙은행은 어디일까? 답은 아주 간단해. 우리가 늘 사용하는 지폐나 동전에 기재되어 있는 한국은행이야. 한국은행은 한국은행법에 따라 무자본으로 설립된 특수법인으로, 원화가 기재된 은행권을 발행하고 있어. 정부나 주주에게 간섭을 받지 않고 독립성도 보호받기 위해 자본이 없는 특수한 성격을 띠고 있는 기관이지.

그럼 미국의 중앙은행은 어디일까? 앞에서 설명한 연방준비제도야. 달러가 오직 이곳에서만 발행된다는 사실을 알게 되면 사람들은 '달러는 미국 연방정부가 발행하는 게 아닌가요?' 하며 놀라곤 하지. 연준과 한국은행이 유사한 성질을 가졌을 거라고 어림짐작하기 때문에 이런 오해가 종종 생겨. 하지만 우리나라와 미국은 상황이 달라.

미국 연방정부는 달러를 발행할 권리를 갖고 있지 않아. 미국의 재무부에서 국채를 발행하면 공개 입찰을 통해 낙찰된 물량은 매각하고 유찰이 된 물량은 연준에서 액면가로 매입하는데, 이 금액만큼 달러 신권을 발행하여 각 지역 연방준비은행(미국 전역에 12개의 지역 연준과 이 연준에 속한 24개의 은행 지점이 있음)을 통해 공급이 이루어지는 거야. 미국의 국채를 담보로 은행 연합체가 달러를 발행해서 공급하는 형태라고 볼 수 있지. 하지만 동전은 연방정부에서 직접 발행하고 있어.

그럼 연준의 역할은 무엇일까? 크게 두 가지로 나누어볼 수 있어. 하나는 위에서 언급한 달러의 발행과 유통에 관한 통화정책을 시행하는 것이고, 다른 하나는 경제의 안정화를 이루면서 성장을 도모하는 것이야. 쉽게 말해서 미국의 경제 성장을 돕고 금융시장을 안정화하는 기관이라고 생각하면 돼. 미국 내 금융 공황이나 위기가 발생하지 않도록 통화량을 조정하기 위해 기준금리를 결정해서 시중에 유통되는 통화량을 늘리거나 줄이는 역할을 하고 있지. 아울러 연관된 금융기관을 감독하는 역할도 맡고 있어.

여기서 통화량을 조절한다는 말은 인플레이션을 관리한다는 의미이기도 해. 인플레이션이란 화폐 가치가 떨어지고 물건 가격이 올라가는 현상을 말하는 거야. 이 경우 소득이 늘어도 사야할 물건 가격이 올라 실질적으로 화폐 가치가 하락하는 현상이 생기거든. 결국 경기가 점차 가라앉으면서 실업률이 늘어나고 경제 위기가 다가오게 되는 것이지. 이런 현상을 사전에 막고 대응하기 위해 연준이 있는 거야.

한 예로 코로나19 시기에 연준은 불경기를 막기 위해 기준금리를 낮추고 통화량 공급을 늘려 소비를 촉진하는 역할을 담당했어. 이렇게 통화량을 엄청나게 많이 공급하는 것을 '양적 완화'라고 부르지. 연방정부의 정책에 맞춰 연준은 시장에 어마어마한 양의 달러를 공급한 거야.

지금은 팬데믹이 종식됐다는 판단하에, 반대로 기준금리를 올려 시중에 풀린 통화량을 줄이고 있어. 이를 '자산매입축소(일명 테이퍼링tapering)'라고 하는데, 통화량의 증가로 발생한 인플레이션이 경제에 미치는 악영향을 줄이기 위한 출구전략이기도 해. 경제의 부작용을 최소화하기 위해 단숨에 움직이기보다는 천천히 기준금리를 인상하는 것이지.

한국은행에서 결정하는 기준금리도 미국에 발맞춰 서서히 올리다가 2024년 현재는 경제 상황에 맞는 수준에 멈춰 서 있지. 금리가 높아진 영향으로 대출 이자가 급격히 오르자 아파트를 사고파는 매매가 많이 줄어들어서 아파트 가격이 전반적으로 내려갔고. 결국 연준에 의해 우리가 사는 집의 가격이 움직이고 있는 셈이야. 그래서 우리나라도 연준에서 발표하는 금융정책에 촉각을 세우고 집중하지. 연준의 결정에 따라 한국 투자자들도 투자 방향을 수정하고는 해. 이처럼 연준은 전 세계 모든 이들에게 영향력을 행사하고 있어. 이것이 연준이 가진 엄청난 힘이지.

•

"달러의 가치 보존을 위해 금리는 상승해야만 한다."

_제롬 파월

Chapter 2

달러

세계를 지배한
녹색 종이 쪼가리의 탄생

'달러의 역사' 주요 사건

연도	사건
1861년	미국 남북전쟁 발발
1914년	제1차 세계대전 발발
1939년	제2차 세계대전 발발
1941년	진주만 공습
1944년	브레턴우즈 협정
1947년	마셜 플랜 발표
1971년	닉슨 쇼크
1973년	제1차 석유파동
1976년	킹스턴 체제 발표

09

그린백

미국의 분열과 갈등으로
탄생한 화폐

알다시피 미국은 명실상부 경제 최강국이야. 미국의 중앙은행 격인 연방준비제도는 세계적으로 중요한 역할을 담당하고 있지. 게다가 미국의 국내총생산GDP 규모는 세계 1위인데 좀처럼 다른 나라에 이 순위를 뺏기지 않고 있어. 한마디로 미국의 경제 정책에 따라 전 세계의 경제가 출렁이는 것은 당연하다고 볼 수 있지.

　미국 달러 또한 기축통화world currency로서 세계 경제에 막강한 영향을 미치고 있어. 기축통화는 국가와 국가 사이의 무역에서 교환의 중심이 되는 통화야. 쉽게 표현해 경제적 주도권을 쥔 국가의 화폐가 가장 널리 사용되기 때문에, 경제 패권을 가진 나라의 통화를 기축통화라 부르는 셈이지. 모든 나라가 외환 보유고를 달러로 표시하고 있는 것도 같은 이유야. 이런 엄청난 역할을 하는 달러가 처음부터 막강한 힘을 가진 건 아니었어. 미국의 독립 이후부터 꾸준히 경제력을 키워 18세기 기축통화였던 영국의 파운드를 누르고 이 자리에 올라선 거지.

달러의 발전 과정을 이해하기 위해서는 시간을 거슬러 올라가 살펴봐야 하는데, 남북전쟁 때 탄생한 그린백Greenback이라는 법정화폐(국가의 법률로 정해진 가치가 부여된 화폐. 일반적으로 같은 가치의 금이나 은으로 교환되지 않음)에서 진정한 달러의 권위가 시작됐다는 주장이 있어. 그럼 그린백이 어떤 화폐였는지 알아보기 전에 먼저 남북전쟁이 왜 일어났는지를 살펴보자.

남북전쟁은 미국의 노예제도 때문에 갈등이 폭발하여 벌어졌어. 미국의 노예제도는 독립전쟁 이전인 식민지 시대부터 시작되어 오랜 기간 이어져 왔어. 하지만 독립전쟁 이후에 북부의 일부 주에서는 노예제도를 폐지하려 노력했고 실제로 실행에 성공했지. 그렇지만 대다수 주와 남부는 이에 반대했고 오히려 노예제도를 강화했어. 남부의 모두가 노예제도에 찬성한 건 아니었지만, 대부분의 대농장주는 경제적 이익을 가져오는 노예제도가 영원히 이어지기를 원했어.

이렇게 북부와 남부 사이에 의견 차이가 생긴 건 두 지역의

Husbands, Wives, and Families sold indiscriminately to different purchasers, are violently separated—probably never to meet again.

노예 경매 장면을 그린 1853년의 삽화

경제적 여건과 사회 구조가 완전히 달랐기 때문이야. 공업 중심의 북부는 공장에서 일할 노동자가 필요했고, 대농장 중심의 남부는 품삯 없이 일해줄 노예가 필요한 상황이었지. 남부의 농장주들은 땅을 담보로 북부의 은행에서 많은 돈을 대출받아 농장을 운영하고, 추수기에는 대출을 상환하며 살고 있었어. 하지만 이자율이 높은 게 항상 불만이었지. 더구나 수입 물품의 관세를 높이는 정책도 하나의 갈등 요인으로 자리 잡고 있었어. 대단위 농장 중심의 남부는 외국에서 수입하는 물품의 관세를 낮춰주기를 원했어. 그래야 유럽에서도 미국산 농산물에 관세를 부과할 수 없을 테니까. 반대로 북부는 관세를 높여 수입을 최대한 막아서 자신들의 제품이 미국 안에서 더 잘 팔리기를 원했어. 수출보다는 미국 내 판매에 중점을 두었기 때문에 외국산 상품에 관세가 붙게 되면 북부에서 만든 상품의 가격경쟁력이 더 높아질 수 있었거든.

이렇게 남부와 북부는 서로 반대되는 의견을 꾸준히 연방정부에 주장했고 경제적 갈등은 계속됐지. 이런 해묵은 다툼은 노예제도를 둘러싸고 더 심각해졌고, 정치적인 문제로까지 번져나갔어. 그러던 중 두 지역의 갈등이 더 심각해지는 일이 발생해.

1793년 엘리 휘트니Eli Whitney라는 사람이 조면기라는 기계를 만들어낸 거야. 이게 남부와 북부의 싸움과 무슨 관계가 있는지 설명해 줄게. 이 당시에 목화는 남부의 주요 생산물이었어. '백색 황금'이라 불릴 정도로 귀한 대접을 받았지. 면방직 산업의 원료가 되는 작물이라 남부의 입장에서는 중요한 수출품이었고. 하지만 목화솜에서 씨를 빼내는 작업이 너무 번거로웠어. 손도 많이 가고 시간도 많이 들었거든. 그런데 이 조면기가 등장하면서 상황이 바뀐 거야. 이 기계로 목화솜에서 씨를 쉽게 분리할 수 있게 되자 작업 속도는 이전보다 50배는 더 빨라졌고 수익성도 대단히 높아졌지. 목화로 큰돈을 벌게 된 농장주들은 더더욱 노예제도를 고집했어.

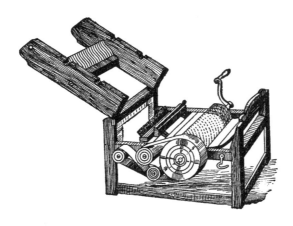

엘리 휘트니의 조면기

그래서 많은 노예의 삶이 더 힘들어졌지.

　　1820년에는 미주리 준주準州를 연방에 가입시키며 남부와 북부가 미주리 협정Missouri Compromise을 맺게 돼. 이때 북위 36도 30분 이북 지역은 노예제를 금지하는 '자유주'로, 그 이남은 노예제를 허락하는 '노예주'로 지정한다고 규정했어. 그래서 이후에 남부를 탈출하여 북부로 도망치는 노예가 늘었고, 남부에서는 이들을 추적하여 다시 강제로 잡아 오는 일이 비일비재해졌지.

　　미주리 협정은 두 지역이 공존하는 길을 택했다는 점에서 의미가 있어. 하지만 핵심적인 갈등은 여전히 전혀 해결되지 않았지. 1860년에는 노예제를 인정하지 않는 공화당의 에이브러햄 링컨이 제16대 대통령으로 당선되면서 남부가 연방을 이탈하는 사건이 발생해. 일곱 개의 주가 연방을 탈퇴했고 후에 네 개의 주가 추가로 이 흐름을 따랐어. 그렇게 총 11개 주로 구성된 남부연합Confederate States of America은 새로운 나라를 만들며 대통령으로 제퍼슨 데이비스를 선출했지.

이렇게 한 영토에 두 개의 나라가 생기게 됐고, 결국 남북전쟁이 발발했어. 1861년 4월, 남부연합의 군대가 사우스캐롤라이나주의 섬터 요새를 공격하면서 전쟁이 시작됐지. 당시 남부와 북부의 상황을 비교해 보면 북부의 경제 여건은 남부를 압도하고 있었어. 공업 성장 수준도 북부가 더 높았고 생산력과 인구수도 차이가 컸어. 북부의 인구는 총 2100만 명이었지만 남부는 900만 명 정도였거든. 하지만 남부에는 잘 훈련된 군인과 여러 명의 탁월한 장군이 있었고, 북부에는 단련된 군인과 지휘관이 부족했지. 그래서 초기에는 남부연합이 전투마다 승리를 차지했어.

이때 북부의 결정적 한 방이 등장해. 바로 1862년 9월에 링컨 대통령이 서명한 노예 해방 선언Emancipation Proclamation이었어. 이 선언으로 전쟁의 명분은 완전히 북부로 넘어가게 돼. 그 전까지 북부가 내세운 남북전쟁의 목표는 '갈라진 연방의 통일'이었어. 그런데 여기에 '노예의 해방'이라는 주제가 하나 더 더해지면서 도덕적인 명분도 추가된 거야.

1863년 펜실베이니아주에서 벌어진 게티즈버그 전투에서 북부가 승리하여 남북전쟁의 극적인 전환점이 이루어졌지. 이후 1865년 4월, 북부가 마지막 전투에서 이기면서 남북전쟁은 끝이 났어. 북부의 승리로 연방은 다시 하나가 됐고, 노예제도가 드디어 폐지됐지. 그런데 남북전쟁의 숨은 주역이 있어. 그게 바로 화폐 그린백이야.

✦ 북부의 승리를 이끈 주인공 ✦

전쟁에서 이기려면 뭐가 필요할까? 적을 압도하는 뛰어난 전략? 어려운 순간을 이겨내는 현명한 리더? 다 맞는 말이야. 그런데 사실 전쟁은 경제력이 강해야만 승리할 수 있어. 총, 화약, 보급품 등 전투에 필요한 군수품도 구매해야 하고, 병사들한테 급여도 줘야 하잖아. 이 모든 게 자금이 뒷받침되어야만 가능한 일이지. 결국 전쟁이 벌어졌을 때 누가 먼저 유리한 경제력을 얻느냐가 관건이야.

노예제도가 발단이 된 남북전쟁도 예외는 아니었어. 전쟁 초기에는 남부와 북부 모두 자금에 허덕이는 상태였지. 특히 연방정부가 속한 북부는 1857년부터 진행된 불황으로 전쟁 전부터 재정 상태가 적자였고, 간신히 국가 살림을 이어나갈 정도였어. 당시 부채가 약 6500만 달러였을 정도로 경제적 상황이 어려웠지. 겨우겨우 외국에서 단기 차입으로 적자를 메꾸고 버티던 와중에 전쟁이 터진 거야.

그래서 북부는 자금을 끌어모을 다음의 세 가지 방법을 생각해 냈어. 첫째, 사람들에게 세금을 부과하여 조세 수입을 늘리는 것. 둘째, 외국(특히 유럽 국가)에서 돈을 빌리는 것. 셋째, 자체적으로 화폐를 발행하여 자금을 모으는 것. 남부도 북부와 비슷하게 이 세 가지 수단에 의지하는 수밖에 없었어.

첫 번째 방법으로 돈을 모으기 위해 북부는 먼저 기존에 없었던 새로운 세수입을 만들어냈어. 1861년 8월에 최초로 소득세를 신설한 거야. 이 법률에 따라 북부는 중산층 가정의 평균인 800달러 이상의 소득에는 3%의 세금을, 1만 달러 이상의 소득에는 5%의 세금을 부과했어. 계속 이렇게 세금을 걷은 건 아니었어. 1861년부터 1871년 사이에 한시적으로 적용된 세금이었지. 또 세금의 부과 대상 품목도 늘리고 납부해야 하는 세율도 높여 거의 모든 일상생활에서 세금이 차지하는 비중이 증가했어. 이렇게 북부는 늘어난 세금으로 전쟁 비용의 20%를 충당하게 돼.

두 번째 방법을 실행하여 북부는 당시 규모로는 상상하기 어려울 정도로 큰돈을 빌려 와. 그래서 연방정부의 부채비율이 몇 년 사이에 치솟게 되지. 부채 규모가 1861년 6500만 달러에서 1865년 27억 5500만 달러로 42.5배 급증하면서 지급해야 할 이자도 당연히 늘어났어. 결국 제1차 세계대전이 발발하고 나서야 이 부채를 해결할 수 있었지.

마지막으로 연방정부의 재무부는 자체적으로 법정화폐(지폐)를 발행했어. 이 화폐가 바로 앞서 이야기했던 그린백이야. 링컨 대통령 시대에 발행된 이 지폐는 뒷면이 녹색 잉크로 인쇄되어 그린백이라는 이름이 붙었어.

사실 링컨은 대통령에 취임하자마자 전쟁이 터질 걸 예상했어. 그래서 돈을 모아야 한다는 목표를 세우고, 새먼 체이스Salmon Chase를 재무장관 자리에 앉혀 그에게 전권을 맡겼어. 하지만 체이스 장관은 전쟁이 그렇게 오래 지속될 거라고 생각하지 않았어. 그리고 돈이 더 필요하더라도 추가적인 관세 수입으로 다 해결할 수 있을 거라고 여겼어. 하지만 막상 전투가 시작되자 그의 예측이 틀렸다는 게 바로 밝혀졌지. 관세 수입만으로는 전쟁 비용을 모으는 게 불가능했던 거야.

연방정부는 급히 뉴욕의 은행가들에게 전쟁자금을 융자받으려 했으나 이들은 24~36%의 고금리를 제시했어. 이 요구를 수용할 경우 나라의 미래가 은행가들에게 넘어갈 판이었지. 링컨 대통령은 이 제안을 단번에 거절하고 다른 대안을 모색했고, 그렇게 연방정부가 직접 지폐를 찍기로 했어.

그린백이 경제사에서 중요한 지폐로 이름을 남긴 이유가 바

로 여기에 있어. 연방정부가 직접 발행했다는 점 말이야. 남북전쟁 이전에 연방정부는 지폐가 아닌 주화(금화나 은화, 동전)를 발행해 왔어. 주화는 그 자체로 귀금속의 가치를 지니고 있어서 지폐와는 성격이 완전히 달랐지. 일명 은행권이라 불리는 지폐는 이전까지는 연방정부가 아닌 일반 은행(주법은행 등)에서 발행했어. 이 은행권은 발급한 은행에 찾아가 지폐를 제시하면 태환이 가능하다는 전제가 깔려 있었지. 정부가 아닌 은행만 지폐를 발행해 온 건, 권력을 가진 정치인들이 마구잡이로 지폐를 찍어내는 걸 막기 위해서였어. 그래서 처음에 그린백 발행에 관한 안건을 연방정부가 의회에 제출했을 때 법을 위반하는 게 아니냐는 논쟁이 제기되기도 했어. 그

래도 당장 눈앞의 현실이 급하니까 최종 승인이 났지.

그린백의 가장 큰 특징은 금과 태환이 되지 않는다는 것이었어. 이 말은 미국에서 공식적으로 금본위제(통화의 가치를 금과 연계하여 국가에서 금을 보유한 양이나 이에 준하는 가치만큼만 화폐를 발행하는 것)가 중단됐다는 의미야. 이 지폐가 발행되기 전까지 미국은 금본위제를 유지하고 있었는데, 남북전쟁을 계기로 이 제도를 포기한 거지. 이는 이제 무한대로 지폐를 발행할 수 있으며, 이에 따른 화폐 가치의 하락을 허용한다는 의미였어. 이전까지는 소유하고 있는 금의 총량을 넘겨서 화폐를 발행할 수 없었거든. 그 이상을 발행하면 금 보유 한도를 넘어서며 화폐 가치가 훼손되고, 금융공황의 가능성이 발생하게 돼. 그래서 금과 연계된 고정환율이 있었고 화폐 가치는 안정적으로 유지됐지. 금본위제는 금을 가장 많이 보유한 나라였던 영국이 자국 통화인 파운드를 금과 연계한 이 제도를 사용하면서 전 세계에 널리 퍼지게 됐지. 그런데 미국이 그린백을 발행하면서 이 기준을 무너뜨린 거야. 즉 금과의 연계를 없애고 연방정부가 보증을 서는 신용만으로 화폐를 유통했지. 그렇게 4억 5000만 달러어치의 엄청난 양의 그린백이 발행됐어. 한편으로 그린백의 발행은 전쟁 후에 화폐 가치가 하락하여 인플레이션이 발생하는 주요 원인이 됐지.

당시 북부의 경제 기준으로 보면 엄청나게 많은 그린백이 시중에 풀렸지만, 물가 상승률을 약 80% 수준으로 억제할 수 있었어. 다행히 연방정부의 통제가 가능한 정도였어. 하지만 금으로 태환할 수 없다는 단점 때문에 이 지폐가 액면가 가치에 미치지 못할 수도 있다는 위험성이 생겼지. 만약 북군이 전쟁에 지게 될 경우 말 그대로 그저 종잇조각이 될 수도 있는 거야. 그래서 전쟁 상황에 따라 그 가치가 롤러코스터를 타게 됐어. 전쟁이 한창 진행 중인 1863년에는 금화 100달러 대비 152로 할인되어 유통되다가, 게티즈버그 전투 이후 북부가 승기를 잡았을 때는 금화 100달러 대비 131로 상승하기도 했지. 1864년에는 258까지 떨어졌다가 1865년 4월 전쟁이 끝났을 때 150으로 급반등하기도 했어.

남부도 북부와 마찬가지로 '그레이백greyback'이란 자체 화폐를 만들어 유통했어. 하지만 북부만큼 효과가 있지 않았고, 오히려 물가 폭등으로 인해 전쟁 기간 내내 남부인들은 엄청난 경제적 고통에 시달렸지.

물가를 통제할 수 있었던 북부는 그린백을 만들어 원활하게 전쟁 비용을 충당했어. 그린백의 발행이 남북전쟁의 승리와 연방 통일에 크게 이바지한 셈이야. 아울러 화폐 유통의 증가로 시중에 풀린 돈은 군수 산업은 물론 철도 산업에까지 흘러 들어가 산업화를 이루는 데 일등 공신 역할을 했어.

10

제1·2차 세계대전

미국이 유럽을
앞서게 된 계기

남북전쟁을 통해 하나의 국가로 거듭난 미국은 산업화의 길을 확장하면서 발전의 속도를 높였어. 그린백의 막대한 유통으로 통화량이 증가한 것이 하나의 원동력이 된 셈이야. 하지만 아직까지 미국의 영향력은 유럽에 비해 그리 높지 않았어. 당시 전 세계의 경제를 호령하는 것은 여전히 영국의 파운드였지. 하지만 역사의 수레바퀴는 미국을 향해 굴러갔고, 결국 파운드를 밀어내고 왕좌를 차지하게 됐어. 그 결정적인 계기가 된 사건이 바로 제1·2차 세계대전이야. 이 사건으로 미국은 변두리 국가에서 세계를 주도하는 강대국으로 새로 태어났고, 달러가 전 세계를 주름잡게 되지.

제1차 세계대전이 발생하기 전, 미국의 주요 수출시장은 유럽이었어. 유럽은 전 세계에 있는 식민지를 이용해 국제 경제를 좌지우지할 수 있었지. 하지만 유럽 내 강대국 간의 신경전으로 점차 전쟁의 기운이 감돌기 시작하면서 경제적 불안감이 커졌어. 그러자 대표적인 안전자산인 금에 대한 수요가 증가하기 시작했지.

유럽의 투자자들은 혹시 모를 상황에 대비해서 현금을 마련하고자 미국 기업의 주식을 내다 팔기 시작해. 그러자 미국 내 기업의 주가가 폭락했지. 이에 더해 자본을 회수하려는 유럽 금융가들은 미국 내 예금 인출을 늘렸고, 출금된 달러는 바로 금으로 태환되어 유럽으로 건너갔어. 미국의 은행이 보유하고 있던 금이 유럽으로 넘어가기 시작한 거야. 설상가상으로 무역에서 미국산 밀과 목화의 유럽 수출도 계속 감소하고 있었어. 한마디로 경기가 하락하고 있었고, 불확실성 속에 담긴 심리적 공황 상태가 더 강하게 경제를 억누르게 됐지.

하지만 막상 제1차 세계대전이 시작되자 상황은 180도 돌변했어. 누구도 예상하지 못한 일이 벌어진 거지. 유럽의 곡물 생산량이 조금씩 감소하면서 유럽이 미국에 수출을 요청하는 일이 서서히 늘어나기 시작했어. 심지어 독일이 발트해를 장악하면서 흑해 항로를 활용하던 당시 최대의 곡물 수출국 러시아의 수출이 중단됐고, 유럽 내 식량 생산의 감소와 공급처의 축소로 미국 농산물에 대한 수요가 한순간 폭등했지. 이에 더해 전쟁이 장기화하면서 농사를 지어야 할 젊은이들이 군인으로 징집되자 유럽의 수확량은 더더욱 감소했고 미국의 농산물 수출은 해가 갈수록 늘어났어. 이로 인한 미국 농가의 상황은 전쟁 전과 비교할 수 없을 정도로 풍족해졌어.

가장 급성장한 부분은 제조업이었지. 유럽이 지배하고 있던 남아메리카와 아시아 시장으로 미국의 제품이 수출되면서 시장이 저절로 확대됐어. 전쟁에 필요한 군수품과 더불어 자동차, 철도 건설 자재 등 유럽 각국으로부터 주문이 쏟아져 들어왔지. 미국 내 기업은 전쟁 전에 비해 호황을 누리기 시작했고 주식시장도 이에 보답하듯 최고의 상승률을 보여주었어.

아울러 전쟁이 참호전 중심의 소모적 교착상태에 빠지면서 유럽의 금융자산이 안전한 도피처를 찾아 미국으로 되돌아오기 시작했어. 그리고 유럽에서 지출한 전쟁 비용이 유럽 각국이 보유하고 있던 자국의 자산 총량을 넘어서게 됐어. 결국 유럽 각 국가는 미국에 투자했던 자본을 현금화하기로 결정하고 보유하고 있던 미국 정부의 국채부터 우량회사의 주식, 채권 등을 매각하기 시작했어. 이런 결과로 전쟁이 끝날 무렵에는 약 70%의 외국 자본이 미국의 손으로 넘어오게 돼. 전쟁 전 유럽이 소유하고 있던 미국 기업의 주식이 헐값에 나오자 이를 미국 금융 자본이 거의 쓸어 담듯이 거뒤간 것이지. 이는 후에 미국 기업이 벌어들인 이익이 유럽이나 외국으로 유출되지 않고 국내 자본으로 남아 재투자되는 선순환 구조를 낳게 됐어.

여기서 더 나아가 미국 기업의 주식뿐 아니라 유럽의 기업과 자산마저 시장에 급매물로 쏟아져 나왔어. 그러자 유동성이 풍부해진 미국의 기업들이 이 급매물을 하나둘 매입하기 시작했지. 유럽의 시설을 헐값에 매수한 미국 기업들은 이 상황을 이용했어. 전쟁으로 산업 기간망이 붕괴한 유럽에 다시 수출을 늘려서 기존에 가져보지 못한 막대한 이익을 챙긴 거야.

전쟁으로 인한 이 같은 특수는 미국이 산업 강국으로 올라서는 데 중요한 밑바탕이 됐어. 전쟁이 발발하기 전에 미국은 유럽 국가의 채무를 조금씩 갚아나가던 나라였는데, 전쟁 후에는 반대로 유럽 국가로부터 최대의 채권을 가진 국가로 바뀐 것이지.

여기에 추가적인 이익을 가져다준 것은 유럽 각국으로부터 요청이 들어온 차관이었어. 영국의 경우 미국에서 수입할 전쟁물자 예산을 5000만 달러로 책정했으나 실제로 집행된 금액은 약 30억 달러였어. 처음 계획 대비 60배 이상의 지출이 발생한 것이지. 이는 당시 1916년 연방정부 세입 규모의 네 배가 넘는 금액이었어. 이렇게 폭발적으로 늘어난 전쟁 비용을 감당하기에 자국의 자본만으로는 한계가 뚜렷하여 미국에서 차관을 도입하기 위한 방법을 찾게 된 거야.

　당시 윌슨 대통령은 고립주의 정책을 고수하여 미국의 참전을 사실상 불허한 상태였어. 그래서 연방정부가 나서서 차관 제공을 주도하기는 어려웠지. 특히 당시 국무장관 윌리엄 브라이언 William Bryan이 교전 당사자들에게 차관을 절대 제공해서는 안 된다고 주장했어. 하지만 얼마 후 로버트 랜싱Robert Lansing으로 장관이 교체됐고, 여론의 동향은 바뀌었어. 랜싱은 미국 경제의 지속적인 확장을 위해 유럽 국가에 차관을 꼭 제공해야 한다고 주장했거든. 결국 미국은 유럽에 차관을 제공하게 돼. 연방정부 대신 금융 자본들이 나섰지.

　1915년 J. P. 모건 은행은 영국 정부의 대표단과 계약을 맺고 영국이 미국에서 군수물품을 위탁 구매하는 걸 책임지게 돼. 초기 금액은 약 5억 달러 규모였는데, 전쟁이 끝날 무렵에는 약 15억 달러 규모로 증가했지. 이러한 막대한 규모는 결국 J. P. 모건 은행 등 은행 자본가들의 유럽에 대한, 나아가 전 세계 금융시장에 대한 영향력을 더 키워주었어. 이들이 산업계에 미치는 힘도 막강해졌지.

　그러다가 1919년 6월 28일, 연합국과 동맹국은 파리 베르사유궁에서 강화조약을 맺었고 이로써 제1차 세계대전은 공식적으로 종전을 맞았어.

← 미국은 유럽에 얼마를 빌려줬을까? →

제1차 세계대전이 끝난 이후 가장 큰 이슈는 패전국 독일을 어떻게 처리할 것인가였어. 그중에서도 연합국에 대한 독일의 배상 문제가 혼란을 겪으면서 유럽 경제는 더 어려운 처지에 놓이게 됐어. 독일에서는 초인플레이션을 극복한 히틀러가 정권을 잡으면서 다시금 전쟁의 기운이 되살아났지. 결국 제1차 세계대전이 끝나고 약 20년 뒤인 1939년 9월, 독일이 폴란드를 침공하면서 제2차 세계대전이 발발하게 돼. 이로부터 1945년 9월까지 약 6년여에 걸쳐 가장 파괴적인 전쟁이 이어졌는데, 인류 역사상 가장 많은 인명과 재산 피해를 남긴 전쟁이었어.

　　제1차 세계대전으로 경제적 호황기를 맞본 미국은 이번에도 유사한 경험을 하게 돼. 1940년부터 1945년까지 국민총생산GNP이 약 2.2배로 늘어난 거야. 놀라운 성장률이었어. 기업들의 성장도 눈부셨어. 1939년부터 1942년 사이 3년 동안 기업 가치가 3.2배나 증가한 거야. 전쟁 기간 동안 문제가 됐던 실업률은 완전히 자취를 감췄고, 수많은 기업에서 인력을 모집하는 바람에 사람이 부족할 지경이었지.

　　미국은 처음에는 전쟁에 참여하지 않았어. 제1차 세계대전 중 외국에 내준 차관과 군수 장비 판매 대금을 못 받은 사례가 있어서 유럽의 일에 적극적으로 관여하지 말자는 '고립주의' 정책이 고개를 들고나왔거든.

하지만 유럽에서 들려오는 비명은 날이 갈수록 처절했어. 자칫 머뭇거리다간 유럽 대륙이 독일의 손에 넘어갈 판이었지. 보다 못한 프랭클린 루스벨트 대통령은 한 가지 방안을 마련해. 바로 무기 대여법이야. 연방정부에서 군수품을 사들여 연합국에 빌려주는 방식을 선택한 거지. 루스벨트 대통령은 이웃집에 호스를 대여하는 걸 예로 들어 무기 대여법을 설명했어. '불이 난 이웃집(유럽)에 호스(군수 장비)를 빌려주는 것으로, 불이 꺼지면(전쟁이 종료되면) 호

미국 군수 공장의 모습

진주만 공습

스는 돌려받을 것'이라고 미국인들을 설득한 거야.

1941년 3월 무기 대여법 법안과 70억 달러의 예산이 승인됐지만, 최종적으로는 약 503억 달러를 사용했어. 연합군이 전쟁터에서 사용하고 소비하는 모든 군수 장비의 수량보다 더 많은 지원을 해준 셈이었지.

그러던 1941년 12월 7일에 미국의 결정을 뒤흔드는 충격적인 일이 벌어져. 일본 항공모함의 함재기(항공모함에 싣고 다니는 항공기)가 하와이 진주만에 정박해 있던 미국 태평양 함대를 공격해 침몰시킨 진주만 공습이 일어난 거야. 이튿날 미국은 선전포고를 하고 본격적으로 전쟁에 참여하게 돼.

전쟁 기간 중 대규모 전쟁채권 구매 운동이 일어나 미국은 막대한 자금을 공급받을 수 있었어. 세금의 역할도 전쟁 비용 조달에 많은 도움이 됐어. 조세 증가는 전쟁 비용의 약 45%를 충당했는데, 그 중심에 소득세가 있었어. 개인의 소득에 대한 최고 세율이 자그마치 94%까지 올라간 거야. 아울러 면세 기준도 대폭 하향해 1700만 명 이상이 추가적인 세금을 내게 됐지. 그 결과 소득세로 들어온 세금 액수가 법인세 금액을 넘어설 정도였고, 전쟁이 끝나갈 무렵에는 그 차이가 두 배 이상 나기도 했어. 추가로 원천 징수제도가 처음 도입되어 세수의 현금 흐름도 상당히 개선됐지. 이런 여러 가지 요소들로 인해 미국이 전쟁을 진행하는 데 큰 문제가 없었어.

드디어 태평양 전쟁의 막바지인 1945년 9월 1일 USS 미주리호가 도쿄만에 진입했고, 다음 날 일본이 연합군에 정식으로 항복하면서 제2차 세계대전은 막을 내렸지.

전쟁이 끝나자 사람들은 서서히 경제 활동을 시작했어. 1929년 발생한 대공황의 후유증으로 주식보다는 원금을 보장받을 수 있는 저축을 선호했고, 혹시 모를 미래를 준비하며 보험에 가입했지. 이 때문에 저축률은 최고조에 올랐어. 1940년 42억 달러에서 1944년에는 359억 달러로 4년 사이 8.5배나 급증한 거야. 연방정부가 지급을 보증하는 전쟁채권이나 예금으로 돈이 몰린 결과였어.

1946년 전시 통제가 해제되자마자 사람들의 소비 욕구가 늘어나 물건 가격이 올라가는 인플레이션이 발생했지만 큰 문제는 되지 않았어. 오히려 물건 가격이 올라 기업들의 실적이 전쟁 후에도 원활히 상승하는 계기가 됐지.

하지만 영국과 프랑스는 두 차례의 세계대전으로 모든 것을 상실했어. 어렵게 쌓았던 국가의 부는 물론, 광대하고 영원할 것 같았던 식민지도 모두 사라져 버렸지. 남은 것은 전쟁으로 인한 황폐한 국토와 부채뿐이었어. 이와 반대로 미국의 국토와 산업 기반은 아무런 피해를 보지 않았고, 생산력은 많이 늘어났지. 국민의 생활도 윤택해졌어.

미국 경제는 전 세계 총생산량의 50%를 차지할 만큼 성장했고, 화폐로 전환할 수 있는 전 세계 금의 70% 이상이 미국의 수중으로 들어왔어. 이제 바야흐로 그 누구도 대적할 수 없는 미국의 시대가 활짝 열린 거야.

11

브레턴우즈 체제

달러는 어떻게 세계를
지배하게 됐을까?

드디어 전쟁이 끝났어. 두 차례에 걸친 인류의 대비극이 막을 내린 거야. 승자는 넘치게 기쁨을 느꼈지만, 패자는 슬픔과 패배감, 나아가 앞으로 닥쳐올 재난을 걱정하며 몸을 떨어야 했어. 비단 전쟁에서의 승패뿐만 아니라 경제에서의 승패도 같이 닥쳐왔거든. 미국의 참전으로 이루어진 연합군의 승리. 이 결과를 두고 이제 누가 세계의 주도권을 잡게 될지 결판을 내릴 시간이 다가왔어. 막대한 전쟁 비용과 인력을 투입한 미국, 끝까지 저항하여 독일과 싸워 이긴 영국의 주도권 쟁탈전은 전쟁이 끝나기 전부터 시작됐지. 그렇지만 군사력과 경제력의 우열은 명백했고 이를 교통 정리하는 데에도 별문제는 없었어. 독일군의 공습으로 철저히 파괴된 영국은 이제 더 이상 세계 경제를 이끌고 갈 만한 경제력도, 자원적인 동력도 모두 상실한 상태였거든. 이전까지 세계를 점령했던 파운드의 위세도 꺾일 대로 꺾여서 이미 수많은 국가의 신용을 잃어버린 상태였어.

결국 전쟁이 한창 진행 중인 1944년 7월, 미국 뉴햄프셔주에 있는 브레턴우즈라는 스키 휴양지에 전 세계의 정치·경제인들이 모여들었어. 전쟁 후에 진행될 새로운 국제 무역과 금융 체제를 협의하기 위해서였지. 여기서 논의되어 정리된 내용이 '브레턴우즈 체제Bretton Woods system'라 불리는 것이야. 이 체제는 브레턴우즈 협정에서 나온 표현으로 전쟁 후에 진행될 국제 통화 시스템 복원을 두고 영국과 미국이 논의하여 결정한 사항을 뜻해.

브레턴우즈 협정에는 44개국의 대표 730명이 참가했어. 그중 가장 중요한 인물은 미국 재무부의 해리 화이트Harry White와 영국의 경제학자 존 메이너드 케인스John Maynard Keynes였어. 이 두 대표가 사실상 협정의 주도권을 가지고 있었지.

먼저 의견을 낸 건 영국의 대표인 케인스였어. 그는 영국의 파운드와 미국의 달러를 두고 아예 새로운 국제 통화를 만들자고 제안했어. 방코르Bancor라고 이미 이름도 붙여둔 통화였지. 지금의 가상화폐 개념처럼 사전에 발행 한도를 정해놓고 이를 글로벌 기축통화로 만들어 사용하자고 했어. 변동성이 거의 없는 고정환율

미국의 해리 화이트(좌)와
영국의 존 메이너드 케인스(우)

로 설정하여 이를 각국의 화폐와 연동시키자는 제안이었어. 사실
상 금본위제를 대체하는 새로운 통화체계를 주장한 것이지.

　　이와는 달리 미국 대표인 화이트는 달러를 새로운 기축통화
로 사용하자고 제안했어. 새로이 패권국가로 올라선 미국은 전 세
계의 금 보유량 중 70% 이상을 차지하고 있었는데, 금과 연계할 수
있는 달러만이 새로운 기축통화의 자격이 있다는 뜻을 내비쳤지.

　　안정적인 환율을 위해 누가 통화의 주도권을 가져갈 것인지
를 두고 신경전이 이어졌어. 전 세계의 경제를 쥐락펴락했던 영국으

로서는 미국과 대응한 위치에 서고 싶었으나 현실은 냉정했지.

전쟁 비용으로 금을 많이 사용해 버린 영국의 금 보유량은 전쟁 전보다 현저히 줄어들어 있었거든. 그에 비해 미국의 금 보유량은 전쟁 전보다 두 배 이상 증가했지. 유럽에 군수품을 수출하면서 막대한 금을 벌어들인 거야. 다른 참여국들은 영국과 미국 중 한 나라를 선택해야 하는 상황에 처했어. 사실 미국의 안을 처음부터 밀어붙여도 별다른 문제가 없을 정도로 화이트의 위력이 강했어. 다른 국가의 대표들은 미국의 눈치를 봐야 하는 상황이었거든. 앞으로도 미국과 좋은 관계를 유지하고 싶어서 말이야. 그만큼 미국의 위상이 높았던 거야. 미국은 영국의 유명한 경제학자인 케인스를 최대한 존중했어. 하지만 자국의 이익 앞에서는 한없이 냉정했지.

결과적으로 환율 방식은 미국의 의도대로 결정됐어. 고정환율제로 진행하되, 통화 시스템의 주도권은 미국의 달러가 차지했지. 파운드가 사용하던 금본위제의 영향으로 35달러당 금 1온스(약 31그램)로 교환이 가능하다는 전제 조건이 달렸어.

언제든 달러와 금의 교환이 가능하다는 미국의 호언장담이 있었기에 가능한 일이었어. 아울러 금 보유량 내에서 발행하는 달러는 단순 종이가 아닌, 안정적인 통화라는 무언의 의미이기도 했지. 이에 따라 각국의 통화는 금과 연계하는 게 아닌, 달러와 연계하는 것으로 정리됐어.

⟶ 달러가 힘을 가지게 된 순간 ⟶

이제 각 나라의 화폐는 무역을 통해 달러를 벌어들이거나 자국의 통화를 달러로 환전한 뒤, 이 달러를 미국에 제시하면 금으로 교환할 수 있게 됐어. 이 제도는 금본위제가 아닌 달러-금환본위제gold-dollar standard system라고 불렸지.

　　이제 명실공히 모든 나라가 금을 얻기 위해서는 달러를 구입해야 했어. 이는 모든 나라의 주요 수출국이 미국이 되어야 한다는 의미이기도 해. 이런 상황이 일방적이고 강제적이라고 여기는 나라도 있었어. 하지만 한편으로는 미국이 국제 경제 질서를 바로 세우고 있다는 사실에 많은 나라가 안도감을 얻기도 했어. 전쟁을 겪으면서 불안해진 금융 체계를 하루빨리 정리해 안정적인 통화 제도를 갖추고 싶었던 거야. 이전에 발생한 제1차 세계대전 이후에 기축통화 국가였던 영국이 경제적 주도권을 상실하면서 여러 나라가 자국의 화폐 가치 하락에 무방비로 노출된 경험이 있었거든. 환율이 춤을 추면서 상대 국가의 통화 가치를 믿지 못하는 상황이 벌어졌고, 이는 국제 무역 질서에 혼란을 가져왔어. 그러자 자국만을 생각하는 보호무역이 퍼져나갔지.

　　힘을 잃은 영국을 대신하여 모든 자본의 중심을 금과 연계된 달러에 묶으면 국제 통화 질서가 자연스레 안정된다는 것이 미국의 주장이었어. 이렇게 되면 각 나라의 정치인들은 자국 내 통화의 안정성을 믿고 장기적인 계획을 수립할 수 있으리라는 미래상도 보여줬지. 아울러 수출 경쟁국이 통화 가치를 하락시켜 국제 금융 질서를 교란하는 불안 요소도 사전에 막을 수 있다고 설득했어. 결국 미국은 무역의 중심지로 떠오르며 영국으로부터 진정한 패권을 넘겨받았지.

또 미국은 각 나라에 외화가 필요할 경우 즉시 공급이 가능하도록 국제통화기금IMF을 세웠고, 전쟁 이후의 재건과 후진국 개발 지원을 위한 국제부흥개발은행IBRD을 설립했지. 이로써 미국은 경제 대국으로 인정받는 것은 물론 기축통화를 발행하는 국가로 우뚝 섰어.

이러한 브레턴우즈 체제가 유지되는 동안, 미국 및 유럽 주요 국가들은 자유무역을 기반으로 고도 성장을 이루게 돼.

12

냉전과 베트남 전쟁

달러를 찍어
위기를 막아라

1945년 제2차 세계대전이 끝난 후 동맹국이었던 미국과 소련은 서로의 정치적 득실을 따지는 과정에서 서서히 이해관계가 틀어지고 있었어. 이러한 불안한 시기에 영국의 윈스턴 처칠은 1946년 웨스트민스터대학교에서 그 유명한 '철의 장막'에 관한 연설을 했지. 그는 이 연설에서 "중앙 유럽과 동유럽의 유명 도시는 소련의 세력권 안에 있으며, 그들 모두 어떤 식으로든 점차 거대해지는 모스크바의 통제를 받고 있습니다"라고 했어. 이후 미국과 소련의 냉전이 시작됐어. 무기가 아닌 돈과 경제력, 이념에 의한 보이지 않는 전쟁이 시작된 것이지.

시작은 미국이 먼저였어. 미국 국무장관인 조지 마셜George Marshall이 1947년 6월 하버드대학교 입학식에서 유럽 부흥 계획인 마셜 플랜Marshall Plan을 제안한 거야.

이 계획은 제2차 세계대전 이후 소련을 비롯한 유럽 각국의 경제 재건을 위한 협력을 다짐하고 있었어. 원한다면 미국이 필요한 자본을 공급하겠다는 내용이었어. 사실상 유럽 경제 회복을 위한 프로그램을 제안한 것이었지. 이후 이 계획은 상당한 성공을 거두고, 공로를 인정받은 마셜은 1953년에 노벨 평화상까지 수상하게 돼.

조지 마셜

마셜 플랜에 따라 미국이 1948년부터 1951년까지 3년간 유럽에 제공한 원조 금액은 약 128억 달러였어. 유럽 경제를 재건하고 되살리는 데 미국이 커다란 역할을 했지. 다만 미국이 아무 조건 없이 자금을 제공하지는 않았어. 원조 조건으로 유럽 각 국가의 관세 장벽 철폐와 외환 규제 완화 또는 취소를 요청했지. 이 조건 때문에 유럽은 미국에서 받은 달러로 미국의 물품을 샀고, 결국 미국이 보낸 달러는 다시 미국으로 되돌아왔어. 그렇게 마셜 플랜은 1952년 이후에 미국의 달러가 영국의 파운드를 완전히 누르고 기축통화의 위치를 확고히 하는 데 결정적 역할을 담당하게 돼.

한편 소련은 미국의 마셜 플랜을 철저히 거부했고, 동유럽 국가들이 참여하려는 움직임 또한 차단했어. 또 이에 대항하기 위해 1949년 1월에 경제상호원조회의인 일명 코메콘COMECON을 만들었어. 참가국은 여섯 개 국가로 소련, 불가리아, 체코슬로바키아, 헝가리, 폴란드, 루마니아였지. 사실상 소련의 압박으로 시작된 강제적 조약이었는데, 향후 동유럽 국가들을 소련의 위성국으로 전락시키는 결과를 가져와.

소련이 동유럽 국가들과의 조약을 강화하는 동안 미국의 마셜 플랜은 성공을 거두어 브레턴우즈 체제를 한층 더 확대했어. 세계 경제가 미국 주도로 재편된 거야. 이후 미국의 주도하에 세계은행, 국제 통화기금의 도움으로 관세 인하 움직임이 일어났어. 이 영향으로 전 세계 무역의 규모는 종전 후 1970년대까지 약 여섯 배의 증가세를 보여주게 돼.

유럽 국가들은 마셜 플랜을 통해 원조받은 달러로 자국의 산업을 일으켰고, 이후에도 보이지 않는 원조를 받아 자국의 부흥을 이끄는 데 중요한 디딤돌로 사용했어.

어찌 보면 미국의 돈이 유럽 국가들을 구해준 셈이었지. 이후 1949년에 북대서양조약기구NATO가 설립되어 미국은 소련의 위협으로부터 유럽의 안보를 지켜주는 역할도 지원하게 돼. 하지만 이러한 행동을 지속하기 위해서는 미국의 자금이 계속해서 투입돼야 했어. 미국 입장에서는 예상 이상의 지출이 발생한 거야. 반대로 체력을 회복한 유럽 각국은 다시금 경제력을 서서히 발전시켜 나갔고, 미국에 자국 상품을 수출하여 엄청난 달러를 모을 수 있었어. 유럽 국가는 자국으로 들어온 달러를 금으로 태환하기 시작했고 점차 미국의 금 보유고는 줄어들었지. 유럽이 성장할수록 수출 대금으로 지급되는 달러의 양은 더욱더 늘어났고 이는 미국이 더 많은 금을 지출했다는 의미야. 증가하는 달러의 수만큼 보유하고 있어야 하는 금이 늘어나야 했지만, 반대의 현상이 일어났어. 미국의 씀씀이는 예전보다 더 늘어났거든.

⟵ 돈을 아끼지 않고 써버린 미국의 위기 ⟶

이런 상황에 불난 집에 기름을 붓는 사건이 발생하는데, 바로 20여 년에 걸쳐 진행된 베트남 전쟁이었어. 베트남 전쟁은 제1차 인도차이나 전쟁 이후 분단된 남과 북의 내전으로 시작됐으나, 1964년 8월에 발생한 통킹만 사건 때문에 미국이 참전하면서 국제전의 성격을 띠게 되지. 통킹만 사건이란 베트남의 통킹만 해상에서 북베트남 해군이 미 해군 구축함 매독스함을 공격한 사건이야. 북베트남은 미국의 구출함을 남베트남 함선으로 오인했다고 바로 발표했지만, 다음날인 8월 3일에 매독스함이 재공격을 당했다는 소식이 퍼지며 일명 제2통킹만 사건이 벌어지게 돼(제2통킹만 사건은 사실이 아니라는 주장도 많아).

　　미국은 즉각 국가안전보장회의에서 이 내용을 공식화했고, 미국 의회는 '통킹만 결의'를 의결했지. 이후 1965년 2월에 미국은 북베트남에 폭격을 개시하면서 본격적으로 전쟁에 개입했어. 사실 베트남 전쟁은 냉전 상황에서 벌어진 자본주의(미국)와 공산주의(소련)의 이념 갈등이라고 볼 수 있어. 미국은 도미노 이론(한 국가가 공산화되면 그 옆의 다른 나라도 공산화된다는 이론. 아이젠하워가 처음 도입함)을 배경으로 남베트남 원조를 정당화했거든.

　　하지만 미국이 참전한 베트남 전쟁은 예상과 다르게 긴 시간 동안 이어졌어. 북베트남과 베트콩의 끈질긴 저항이 지속되면서 미국의 재정 압박은 더 심해졌지. 전쟁 비용을 계속 쏟아붓고 있었지만, 전쟁은 끝날 기미가 없으니 탈출구가 보이지 않는 상태였어. 더구나 케네디 대통령의 암살 이후 뒤를 이은 존슨 대통령은 '위대한 사회'를 이루겠다는 명목으로 사회보장을 대폭 확대했어. 지출의 사용처가 더 확장되면서 연방정부의 재정 적자는 더더욱 커져만 갔어. 베트남 전쟁과 사회보장의 확대는 연방정부를 압박해 댔지. 달러를 계속 찍어 비용 지급을 하는 것 외에는 다른 대안이 없었던 거야. 그럴수록 재정 상태는 더 악화됐어. 반면 이렇게 재정 적자가 일반화된 미국과 달리 유럽은 안정적인 수출과 경기 회복으로 여건이 좋아지고 있었어. 늘어난 달러는 다시 미국으로 돌아와 금으로 태환이 됐지. 미국의 금 보유고가 계속 줄어들기 시작하자 이를 눈치챈 국제 상인들의 금 사재기가 이어지면서 금 가격이 지속적으로 상승했어. 시장에 내다 팔기 위해 달러를 금으로 태환하는 양이 점점 더 늘어난 거야.

　　미국은 자국의 힘만으로 버티기가 힘든 지경에 이르렀어. 결국 금 가격의 상승폭을 어느 정도 제한할 필요성을 느끼게 되지. 그래서 미국의 제안으로 1961년 11월에 런던 골드 풀London Gold Pool 제도가 도입됐어. 이는 미국과 유럽 일곱 국가의 중앙은행이 참여한 공동단체를 구성하여 금 가격이 온스당 35.2달러 이상으로 올라갈 경우, 금을 시장에 매각하여 가격을 안정화하자고 합의한 사건이야. 그러나 그 이면을 살펴보면 달러를 금과 연계하는 브레턴우즈 체제를 유지하는 데 더 큰 의미를 둔 제도라고 볼 수 있어. 이 체제가 무너지면 세계 경제가 어떤 혼란을 겪게 될지 그 누구도 장담할 수 없었거든. 그 경우 가장 큰 손해는 당연히 미국이 입게 되겠지만, 유럽 국가들도 미국이라는 수출시장을 지켜야 하는 입장이었어. 어찌 보면 서로의 이해관계가 들어맞은 것이지.

그렇지만 각국의 경제적 이해관계에 따라 금 가격을 안정화하는 구조를 영원히 유지하는 건 불가능했어. 6년 정도 이어져온 이 제도를 1969년에 무너뜨린 건 바로 프랑스였어. 프랑스의 드골 대통령은 미국이 자국의 인플레이션을 강제적으로 수출한다며 공개적으로 불만을 드러냈지. 또한 미국이 재정 적자와 경상 수지 적자를 만회하고자 달러를 계속 찍어내고 있다고 불평했어. 달러가 늘어날수록 유럽 국가가 보유한 달러의 가치가 계속 하락하면서 세계 금융 체계가 어지러워진다는 뜻이었어. 더불어 미국이 이 많은 달러를 모두 금으로 바꿔줄 수 있는지에 대한 의문도 제기했지. 그러자 달러의 안정성을 두고 여러 국가가 의심스러운 눈길을 보내기 시작했어. 이제 미국은 이 의문에 대한 답변을 내놔야 했지.

13

닉슨 쇼크

금본위제의 종말과
폭주하는 달러

미국이 자국의 적자 구조를 메꿀 길은 달러의 증액밖에 없었어. 하지만 유럽 국가들의 불안감도 해결해야 한다는 걸 미국은 알고 있었지. 이 상황을 해결하려면 두 가지 중 하나를 선택해야 했어. 엄청나게 찍어낸 달러의 가치를 하락시켜 발행된 양의 수준에 맞추거나, 달러의 금 태환을 포기하는 것이야. 두 방법 모두 제2차 세계대전 이후 세계 금융 질서를 지켜온 브레턴우즈 체제를 종료시키는 것을 의미했어. 또 이는 달러가 기축통화인 시대가 끝난다는 뜻이었지. 미국은 두 가지 방법 중 어느 것도 선택할 수 없었어. 기축통화만큼은 꼭 지키고자 했거든.

당시 미국이 처한 상황을 더 자세히 알려줄게. 경제학에는 트리핀의 딜레마Triffin's Dilemma라는 용어가 있어. 예일대학교 교수인 로버트 트리핀Robert Triffin이 미국 의회에서 연설할 때 사용한 표현으로 기축통화인 달러가 가진 모순에 관한 내용을 담고 있지. 기축통화는 전 세계적으로 널리 퍼지고 사용돼야 무역이 활발히 이루어지는데, 그러기 위해서는 공급량이 많아야 해. 하지만 그러면 통화를 발행하는 국가(미국)는 당연히 무역 적자를 겪을 수밖에 없어. 그렇다고 이 상황(무역 적자)을 해결하겠다고 유동성(달러) 공급을 줄이게 되면, 세계 무역은 위축될 수밖에 없다는 거야. 미국의 무역 적자가 지속되면 달러의 공급은 늘어나게 되고, 사실 이는 곧 늘어난 양만큼 달러의 가치가 하락한다는 의미야. 그러면 달러의 신뢰도가 하락하여 각국이 보유한 자산의 가치가 하락하기 때문에 결국 고정환율제도(달러와 각국의 환율 연계 구조)는 무너질 거라는 경고를 한 셈이야. 미국에서 발행한 달러의 양이 연방정부가 보유한 금보다 더 많아질 경우, 금으로 태환하는 게 불가능할 수 있다는 뜻으로도 비쳤지.

이러지도 못하고 저러지도 못하게 된 미국을 압박하는 요소는 또 있었어. 바로 베트남 전쟁 때문에 발생한 인플레이션이었지. 전쟁을 치르기 위해 찍어낸 달러는 점차 가치가 하락하는 추세였어. 시중에 달러가 넘쳐나자 물건 가격이 오르는 인플레이션이 진행되

리처드 닉슨 대통령

고 있었거든. 인플레이션을 막기 위해 금리를 인상하고 통화량을 축소하자 반대로 경제가 위축되기 시작했어.

실업자의 증가를 본 당시 대통령 리처드 닉슨은 측근인 아서 번스Arthur Burns를 연방준비제도 위원장으로 임명했어.

번스는 닉슨 대통령의 재선을 위해 긴축 정책을 풀고 다시 시중에 통화량을 늘리기 시작했지. 이에 더해 가격 통제 정책을 활용하여 인플레이션을 잡으려고 애썼지만 이 전략은 결국 실패했어. 경제 구조는 하루아침에 바뀌지 않았고, 시장에서 달러의 가치는 더욱더 하락했어. 달러 가치의 하락이 지속되자 세계 각국이 안전자산으로 보관하고 있던 달러를 금으로 태환하는 양이 점차 늘어났어. 미국의 금 보유량은 바닥을 보이고 있었지. 미국이 파산할 지경에 몰리고 만 거야.

━ 달러의 시대는 이대로 저무는 걸까? ━

최종 선택의 시간이 다가왔고, 닉슨 대통령은 결국 강경한 조치를 택하지. 1971년 8월 신경제 정책New Economic Policy이 발표됐어. 각 국가의 중앙은행이 보유한 달러에 대한 금 태환을 즉각 중지한다는 내용이었어. 당시에 너무도 큰 충격을 불러온 발표여서 역사에서는 닉슨 쇼크Nixon shock라는 이름을 붙이기도 했어. 심지어 사전에 어떤 국가와도 협의가 이루어지지 않은 채 진행된 발표였어. 브레턴우즈 체제의 종말을 미국 스스로 공개적으로 알린 셈이지.

미국에 수출 의존도가 높았던 나라는 큰 충격을 받았어. 한마디로 자국이 보유한 자산(달러)의 가치가 순식간에 폭락해 버린 꼴이지. 여러 나라가 즉시 모였고, 국제적 공조를 통해 세계 경제를 정상화해야 한다는 공감대가 형성됐어. 아울러 무리하게 남발된 달러의 가치를 조정해 국제수지의 균형을 맞춰야 한다는 요청이 빗발쳤어.

이에 미국 정부는 굴하지 않고 오히려 자국에 대한 수출로 흑자를 내고 있는 나라에 '달러 대비 평가절상'을 요구했지. 늘어난 달러 수만큼 자국의 통화 가치를 더 올리라는 뜻이었어. 이렇게 되면 달러의 가치는 유지되면서 상대국의 환율이 올라 미국에 수출하는 상품 가격이 상승하게 돼. 나아가 자국의 상품이 미국산 상품에 비해 경쟁력을 크게 상실하게 되지. 각 국가는 가만히 앉아서 손해만 입을 수는 없다는 입장이었어. 오히려 자국의 통화를 지키고 달러의 가치를 내리는 '달러 평가절하'를 요구하고 나섰지. 만약 이 요구 조건을 미국이 들어주게 되면, 전 세계에 풀린 달러의 가치가 하락하고 달러의 신뢰도가 확 떨어지면서 기축통화의 지위를 위협받는 사태가 발생해. 영국의 파운드화가 같은 문제로 기축통화에서 밀려난 사례가 있어서 미국은 이 제안을 순순히 받아들일 수 없었어. 하지만 닉슨 쇼크로 발생한 복잡한 문제의 해결과 뒷수습은 당연히 필요했어.

닉슨 쇼크가 발표되고 넉 달 뒤인 1971년 12월에 워싱턴 D. C.의 스미스소니언 박물관에서 스미스소니언 협정Smithsonian agreements이 체결됐어. 달러 문제를 정리하기 위해 미국을 포함하여 영국, 프랑스, 독일, 이탈리아, 캐나다, 일본, 네덜란드, 벨기에, 스웨덴의 10개국 재무장관이 모였지. 이 협정에서 결정한 주요 내용은 달러의 평가절하와 각 국가 통화의 평가절상, 변동 환율폭의 조정(기존 1% 내외에서 2.25%로 확대)이었어. 미국과 유럽 국가들이 서로 양보하면서 합의를 이룬 거야.

브레턴우즈 체제의 골격은 유지하되 새로운 고정환율제를 도입하여 미국의 재정 부담을 덜어주는 방식을 도입하기로 한 거지. 달러는 기존 온스당 35달러에서 38달러로 평가절하됐어. 하지만 미국이 얻은 큰 수확이 있었어. 바로 이번 협정을 통해 달러와 금의 연결고리를 끊어낼 수 있다는 가능성을 확인한 것이야.

이제 본격적으로 달러는 미국 정부가 보증하는 신용화폐의 길을 걷기 시작했지. 금과의 연계가 끊어지면서 언제든 원하는 만큼 달러를 발행할 수 있게 됐지. 그렇지만 바로 실행할 수 없었어. 당장 발등의 불을 꺼야만 했거든. 불안해진 전 세계 경제를 안정화하는 게 급선무였어.

이후 스미스소니언 협정에서 결정된 고정환율제는 매우 불안한 모습을 보였어. 미국의 경상 수지 적자가 계속 누적되면서 오히려 달러의 발행량이 다시 증가했고 연쇄 효과로 달러 가치가 다시 떨어지게 됐거든. 결국 온스당 42.22달러로 추가 평가절하가 이루어졌어. 버티다 못한 여러 국가가 고정환율제를 버리고 변동환율제로 전환하며 스미스소니언 협정은 무산되고 말았지.

이러한 과정에서 1976년 자메이카의 킹스턴에서 IMF 회의가 열렸어. 여기서 발표된 것이 바로 킹스턴 체제Kingston system야. 이 체제의 주요 내용은 변동환율제를 유지하되 각 국가의 환율 변동의 특성에 맞게 자율적으로 환율을 결정하게 한 것이지. 변동폭이 심할 경우 정부가 외환 시장에 개입할 수 있도록 한 것도 특징 중하나야. 결국 킹스턴 체제의 확립으로 각 국가의 환율은 달러와 금의 고정적 연계성에서 벗어나 독자적으로 조정하게 됐고, 브레턴우즈 체제는 영원히 역사 속으로 사라졌지. 다만 기축통화의 환율 적용 방식은 유지하고자 1969년 IMF의 주도로 만들었던 특별인출권 SDR 제도는 계속 유지됐어. 달러가 세계의 중심 통화임을 다시 확인한 것이지.

이 체제 이후 각 국가는 환율을 자율적으로 조정하게 됐지만, 달러의 중요성이 낮아진 것은 아니었어. 대부분 국가는 외화보유액을 달러 기준으로 운용하고 있었고, 전 세계 무역 결제액의 60% 이상은 달러로 결제되고 있었기 때문이야. 금과의 연계를 끊어버리고 신용화폐로 넘어온 달러는 그 위력을 여전히 발휘했던 것이지.

그렇지만 언제든 기축통화를 넘보는 국가가 나타날 수 있는 상황이었어. 미국은 이를 대비할 방법을 마련하고자 했어. 결국 하나의 방법을 찾아냈는데, 그건 바로 '검은 황금'이라 불리는 석유를 이용하는 길이었어.

14

페트로 달러

왜 중동의 기름은 달러로만
살 수 있을까?

중동 지역에서 원유 개발을 진행하게 된 유럽 국가들은 중동 국가들과 계약을 맺었어. 대부분의 유럽 국가는 자국에게 유리한 조건으로 계약을 체결했지. 중동 국가 입장에서는 불평등 계약이 이루어졌던 셈이야. 하지만 전 세계 원유 매장량의 20% 이상을 차지하고 있는 산유국 사우디아라비아의 경우는 조금 달랐어. 1950년에 미국 정유회사 아람코Aramco와 계약을 맺었는데, 그 회사가 판매 수익을 50 : 50으로 깔끔하게 나누었거든.

당시 미국은 산업이 성장하면서 안정적인 원유 공급이 중요해졌고, 사우디아라비아가 가장 적합한 파트너라고 생각했던 거야. 사우디아라비아 또한 안정적 수요처인 미국을 반겼지. 결과적으로 원유 생산량의 대부분을 미국이 소화하면서 이익이 감당하기 힘들 정도로 늘어났어.

그런데 이 와중에 급작스러운 사건이 발생해. 이스라엘과 중동 국가 사이에 욤 키푸르 전쟁, 일명 4차 중동전쟁이 일어난 거야. 이 전쟁으로 석유수출국기구OPEC가 원유 가격을 대폭 인상하고 아랍 국가와 교전을 벌인 이스라엘을 지원한 나라에 금수 조치(정치적인 이유로 특정국을 경제적으로 고립시키기 위해 교역, 투자, 금융거래 등 모든 경제교류를 중단하는 조치)를 취하게 돼. 갑작스럽게 에너지 비용이 상승하고 물량이 제한되자 1973년에는 제1차 석유파동이 일어나. 이 사건은 전 세계에 엄청난 충격을 몰고 왔어. 미국 내 물건 가격이 인상된 건 물론이고, 주유소에 석유를 넣기 위한 자동차의 행렬이 끝없이 이어지는 진풍경도 벌어졌어.

휘발유가 없다고 쓰여 있는 주유소 앞에서 휘발유 배급제에 관한 기사를 읽는 모습

연방정부는 바로 행동에 나섰어. 금수 조치를 해

제하기 위해 사우디아라비아와 협상을 진행하고, 이스라엘에 압력을 가해 수에즈 운하 지역에서 이스라엘군을 철수하게 한 거야.

◆— 원유를 등에 업은 달러의 힘 —◆

이후 연방정부는 원유로 인한 경제 불안을 해소하고 장기적인 달러 신뢰를 회복하기 위해 1974년 6월 국무장관인 헨리 키신저Henry Kissinger의 주도로 사우디아라비아와 군사·경제 협정을 체결했어.

협정에서는 두 국가 간의 경제협력에 대한 내용이 주를 이

사우디아라비아 국왕을 만난 헨리 키신저

뤘어. 나아가 미국은 사우디아라비아의 산업화를 지원하여 기술과 인력, 교육을 제공하고 사우디아라비아 군대의 현대화를 돕기로 했어. 하지만 오랫동안 대중에게 공개되지 않았던 이 협정의 핵심 내용은 따로 있었어. 바로 원유 거래 시에 오직 미국의 달러로만 구매가 가능하도록 한 것이야. 가격 책정도 달러를 기준으로 정하기로 협의했어. 아울러 석유수출국기구의 모든 산유국도 미국의 제안을 받아들여 원유 가격을 달러로 책정하고 거래도 달러로만 하기로 결정했지. 이로써 영국의 파운드와 일본의 엔화, 프랑스의 프랑은 원유 거래에서 퇴출당했어.

이해 12월에 미국 연방정부는 사우디아라비아 금융청SAMA과 별도 협약 또한 체결했어. 원유 수출로 벌어들인 달러로 사우디아라비아 금융청이 만기 1년 이상 미국 채권을 사들이기로 하면서 사우디아라비아의 군사적 안보를 미국이 보장해 주기로 한 것이지. 이러한 밀월 관계는 미국과 사우디아라비아가 오랫동안 우방으로 협력하는 원동력이 됐지.

이렇게 원유 수출로 벌어들인 달러가 다시 미국 정부의 채권을 구매하는 데 사용되는 것을 페트로 달러 재사용Petrodollar recycling이라고 불렀어.

원유 결제를 달러로만 할 수 있게 되자 각 국가의 달러 수요는 증가했고, 늘어난 수요에 맞춰 달러의 공급을 늘리려면 미국 채권을 추가로 발행해야 했지. 결국 달러를 더 찍어낼 수 있게 되면서 미국의 영향력은 그만큼 더 커지게 된 거야.

미국이 발행한 달러를 갖게 된 산유국은 그 달러로 미국 채권이나 군수품을 구매했어. 미국에서 발행한 달러가 미국 상품을 구매하는 데 사용되어 다시 미국으로 되돌아오는 완벽한 구조가 완성된 것이지.

하나의 예로 사우디아라비아는 1975년에 미국과 군수품 계약을 체결하면서 약 20억 달러 규모의 전투기 60여 대를 구매했어. 이에 더해 사우디아라비아의 국가 인프라 프로젝트에 참여한 미국 기업에 막대한 비용을 지급했지. 이는 미국 정부의 세금이 되어 돌아왔어.

아울러 사우디아라비아 정부가 운영하는 국부펀드는 미국의 금융자산을 사들이는 데 앞장서기도 했어. 이런 유통 구조는 달러가 신용통화의 한계를 극복하고 기축통화의 위치를 다질 수 있도록 도왔어. 달러가 안정적으로 유통되며 낮은 금리의 미국 채권 발행도 가능해졌지. 이 채권으로 미국의 적자 규모를 안정적으로 유지할 수 있는 기반을 만들었고, 나아가 세계 경제에 미치는 미국의 영향력을 이어나갔지.

미국의 달러는 지금도 그 자리를 굳건히 지키고 있어. 석유와 연계된 달러의 위치는 변하지 않고 유지되고 있는 셈이야.

미중 갈등이
한국 강남 집값에 미치는 영향
달러의 위치

"식량을 지배하는 자는 하나의 나라를 지배하고, 석유를 지배하는 자는 하나의 대륙을 지배하고, 통화를 지배하는 자는 전 세계를 지배한다."

미국 국무장관을 역임한 헨리 키신저가 남긴 말이야. 그의 말대로 기축통화의 패권은 식량과 에너지를 넘어서는 핵심적인 권력이지.

2024년 현재 달러의 기축통화 지위는 여전히 굳건해. 하지만 이를 위협하는 나라들은 계속해서 생겨났고 끊임없는 싸움을 만들어냈어. 대표적으로 구소련과 일본, 유럽연합 등이 있었지만, 미국과의 화폐 전쟁에서 패한 후 지금은 모두 뒤로 물러서 있지.

현재 가장 큰 대항마로 떠오른 나라는 중국이야. 미국의 GDP를 추월한 유일한 나라지. 중국은 2001년 WTO 가입 이후 무서운 속도의 경제성장률을 보여주며 강력한 원자재 수입국으로 떠올랐고, 미국의 최대 교역 국가로 성장했어. 미국의 달러가 강해질수록 상대 무역 국가인 중국의 위안화 가치는 낮아지며 가격이 저

렴해졌어. 이를 중국의 골디락스 경제Goldilocks economy 현상(고성장에
도 물가 상승 압력이 없는 상태)이라고 해. 가격이 저렴한 중국산 상품
으로 전 세계는 물가 상승 없이 편안하고 안정적인 경제성장률을
만들어낸 거야. 막대한 중국의 상품이 미국에서 팔렸고, 넘치는 달
러를 주체 못 한 중국은 미국의 국채를 사들이기 시작해 최대의 미
국 국채 보유국이 됐어.

하지만 중국은 2008년 금융위기를 경험하며 보유한 달러
자산 가치가 하락하는 뜨거운 맛을 본 이후에야 일정 수준에 맞춰
보유 외환을 유지하기 시작했지.

중국은 2013년에 발표한 '일대일로一帶一路'라는 국가적 프로
젝트를 통해 수출로 벌어들이는 달러를 이해관계가 얽힌 다른 국
가에 빌려주고 있어. 지리적으로 가깝거나 막대한 원자재를 보유
한 국가에 엄청난 금액을 대출해 주고 있는 거야. 언젠가 미국의 페
트로 달러가 흔들거릴 것에 대비해 원자재를 확보하기 위한 사전
준비 작업인 셈이지. 중국이 이들 국가에 빌려준 달러의 가치가 하
락한다고 해도 원자재 가격이 상승하면 이익을 볼 수 있고, 만약 이
달러를 돌려받지 못해도 원자재 소유권을 가져가는 방식으로 영향
력을 행사할 수 있는 구조거든. 실물자산 확보를 통해 중국의 영향
력을 높이려는 고도의 경제 전략이야.

다른 한편으로는 중동 국가의 원유를 살 때 자국의 통화인

위안화로 결제하는 걸 조심스레 시도하고 있어. 2020년 7월, 영국의 BP사를 통해 상하이국제에너지거래소INE에서 위안화를 주고 이라크산 원유 300만 배럴을 사기도 했어. 이 사건을 시작으로 사실상 달러 독주 체제를 깨뜨리는 것이 아니냐는 우려가 나올 정도였어.

사실 중국의 이런 행동은 이번이 처음은 아니야. 1993년 중국은 원유시장을 개장했어. 하지만 규모의 경제에서 밀려 1년 만에 원유 거래소를 중단했고, 2018년 상하이선물거래소를 개장하며 재기를 모색했지만 대규모 정유사들은 이곳에서 위안화 거래를 시도하지 않았어. 중국 정부가 위안화 환율에 개입하여 환율 조작을 벌일 수 있다는 걸 큰 위험 요소로 봤기 때문이었지.

하지만 코로나19 사태 이후 중국은 비교적 빠르게 불황의 터널을 벗어나며 경제 회복에 나섰고, 원유시장의 가장 큰손으로 올라서게 됐어. 정유사들이 중국의 요구 조건을 거절하기 힘들어진 거지. 그렇게 중국의 위안화 결제 조건을 외국 정유사가 받아들이게 돼. 이 사건은 장기적으로 석유를 사는 데 달러의 수요가 줄어들 수 있다는 것을 의미하고, 나아가 미국의 심기를 자극하기에 충분한 상황으로 인식됐어. 현재 미국은 중동 국가의 동향을 자세히 살피고 있지. 행여나 중국의 사례처럼 원유를 구매할 때 달러의 수요가 줄어들게 되면, 이는 미국의 관점에서 심각한 문제가 될 수 있기 때문이야.

　게다가 페트로 달러의 지위를 지키는 일 이외에도 시급한 문제가 미국에 발생했어. 외국의 달러 수요와는 별도로 자국 내의 달러 발행을 늘려야 하는 상황이 벌어졌거든. 팬데믹 시기 미국 내 소득 균형이 무너지면서 빈부격차가 심화하는 걸 막기 위해 달러를 찍어 복지 정책을 강화하고 소비를 활성화하는 방법을 택한 거야. 달러 공급이 단시간에 확 늘어난 셈이지. 국내 경기 회복을 위해 달러를 찍어 낸 것이지만, 외국의 달러 수요가 줄어들고 있는 걸 생각하면 위험한 상황이었어. 기축통화의 신뢰를 떨어뜨릴 수도 있고 인플레이션이 닥칠 수도 있거든.

　결국 늘어난 달러의 발행량만큼 물건 가격이 상승하는 인플레이션이 발생했어. 이는 시간이 흐를수록 자산 가격이 폭등하는 현상을 불러왔어. 달러가 늘어난 만큼 다른 나라는 자국의 화폐를 더 발행해야 했고, 국채를 찍어서 시중에 화폐를 더 공급해야 했지. 안 그러면 달러 대비 자국의 화폐 가치가 올라가서 미국 수출에 문제가 생기기 때문이었어. 화폐 발행이 늘수록 자국의 화폐 가치는 하락하게 돼 있거든. 미국에 수출하는 물건의 가격을 낮춰서 다른 나라보다 높은 경쟁력을 갖기 위해, 그렇게 전 세계의 모든 통화량이 늘어났지.

　그러면 이 압도적인 유동성 자금은 다 어디로 흘러 들어갈

까? 국채 투자는 수익률이 너무 낮고, 주식투자는 원금 손해의 위험성이 있어. 따라서 위험도가 낮고 수익률이 높은 안전자산(부동산, 한국의 경우 아파트)에 폭발적인 자금이 몰린 것이야. 자산의 가격이 계속 상승할 수밖에 없는 인플레이션은 필연적인 결과물이 되는 거지.

미국은 이런 경제 위기 상황에 봉착했으면서도 기축통화 정책은 결코 포기할 수 없다는 입장을 보이고 있어. 강한 군사력을 바탕으로 세계의 무역이 안정적으로 유지될 수 있도록 평화를 유지하면서 미국 시장의 소비력을 더 키워나가겠다는 거야. 결과적으로 미국은 달러 중심의 경제 질서를 지키기 위해 지금도 노력하고 있으며, 여전히 가장 신뢰도가 높고 사용률이 높은 통화의 역사를 이어가고 있어. 2008년 글로벌 금융위기에도 달러 가치는 하락하지 않았어. 양적 완화를 통해 무제한으로 공급된 달러의 양만큼 달러 가치가 하락할 것이라는 의견이 대다수였으나, 미국의 달러만큼 안전한 자산은 없다는 믿음이 이를 능가한 것이지. 그래서 달러 가치가 상승하는 이례적 현상이 발생했고, 지금도 굳건하게 그 왕좌를 지켜나가고 있어.

하지만 미국은 언제까지 이 패권을 이어갈 수 있을지 고민하고 있는 상황이야. 그리고 기축통화 자리를 넘보는 다른 국가가 어떻게 공격해 올지 지금도 예의 주시하고 있지. 미국은 가장 위협이 되는 국가인 중국과의 경제 전쟁에서 무엇도 양보하지 않고 있어. 중국의 경제 성장과 미국의 견제가 어느 방향으로 흘러갈지, 누가 다시 승기를 잡을지 모두가 주목하고 있는 상황이야. 멀지 않은 시점에 기축통화의 지위를 두고 새로운 대결이 벌어지지는 않을까 지켜보자고.

"자본주의는 가장 사악한 사람들이
모든 사람의 가장 큰 이익을 위해
가장 사악한 일을 할 것이라는 놀라운 믿음이다."

_존 메이너드 케인스

Chapter 3

금융정책

자본주의 대전쟁,
케인스주의 vs. 신자유주의

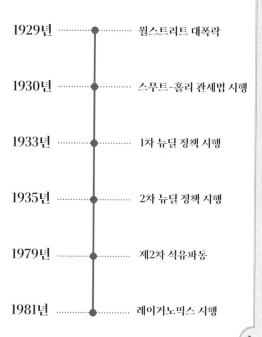

'금융정책의 역사' 주요 사건

1929년	월스트리트 대폭락
1930년	스무트-홀리 관세법 시행
1933년	1차 뉴딜 정책 시행
1935년	2차 뉴딜 정책 시행
1979년	제2차 석유파동
1981년	레이거노믹스 시행

15

1929년 대공황

❖ ━━━━━ ◆ ━━━━━ ❖

축제가 끝나면
금리가 오르는 이유

제1차 세계대전이 끝나고 난 후, 미국의 경제는 전쟁 전과 완전히 달라진 양상을 보여주었어. 세계 최대의 채권국으로 변신한 것은 물론, 제조업 분야에서 독보적인 위치로 올라선 거야. 전 세계 제조업에서 미국이 차지하는 비중이 자그마치 42%였어. 세계 제일의 수출국이었지. 아울러 최고 수준의 자본 공급이 가능한 나라이기도 했어.

이 시기 미국의 자동차 산업은 철도 산업의 뒤를 이어 경제를 살리는 원동력이 됐어. 유리, 철강, 고무, 석유 등 광범위한 제조업계는 물론 고속도로 건설, 지역 도시 개발 등 어느 한 곳 부족함

없이 성장을 유지하고 있었지. 이에 따라 근로자의 수입도 전쟁 이전보다 늘었어. 전쟁 기간 내내 밀려 있던 소비제품의 공급이 시작되자 그동안 목말랐던 갈증을 해소하듯 대중의 소비 열기가 달아올랐지.

또 에디슨의 전구 발명 이후 전기 산업의 발전에 발맞춰 본격적으로 전기가 확산됐어. 그러자 야간에도 일을 할 수 있게 됐지. 자연히 근로자의 생산성은 향상했고 기업의 이익도 증가하게 된 거야. 더불어 뜨거운 투자 열기로 인해 주가도 연일 상승했어. 또한 광고의 등장과 함께 나타난 금융의 할부 기법이 고급 소비재 시장에 적용되며 고가품의 소비가 증가했고, 적절한 빚을 지고 살아가는 게 당연시되는 분위기가 형성됐어.

금융업계가 벌어들이는 수익도 기대 이상으로 증가했고 투자 자금이 증권시장으로 몰려들었지. 폰지 사기(피라미드식 다단계 사기수법)로 유명한 찰스 폰지Chales Ponzi가 등장한 것도 이 시기였어. 역사에서는 이때를 '광란의 20년대'라고 기록하고 있어.

이렇게 도시가 놀라운 성장을 누린 것과 달리 농촌의 분위기는 그리 좋지 못했어. 전쟁이 끝나고 유럽으로의 곡물 수출이 줄어들면서 농촌 자체의 수입이 줄었고, 이동 수단의 발달(자동차의 증가)로 농부들이 도시로 나가기 시작하자 농촌 은행과 상점의 매출이 감소했던 거야. 결국 지역 주민을 상대로 한 은행과 상점들이 서서히 문을 닫기 시작했지.

미국 경제의 역사에서 가장 큰 공황인 대공황은 이 '광란의 20년대'의 끝자락인 1929년에 시작됐어. 기존의 공황이나 금융위기보다 몇 배나 더 효과가 컸고, 회복 기간도 오래 걸려서 대공황이라는 명칭이 붙은 바로 그 사건이야. 대공황이 일어나기 직전인 1928년까지 미국 경제와 주식시장은 호황의 연속이었어. 자동차 생산량은 연간 10% 이상 상승했고, 주가지수는 멈출 줄을 몰랐지.

1928년 11월 제31대 대통령으로 허버트 후버가 당선된 날, 이를 축하하듯 주식 거래량은 폭발했어. 주식을 사기 위해 누가 더 많은 돈을 빌릴 수 있는지 경쟁할 정도였지. 나라 전체가 온통 장밋빛 환상에 빠져 있었어.

허버트 후버 대통령

고민 끝에 연방준비제도는 1929년, 과열된 경기를 잡고자 금리를 올리기 시작했어. 이 영향이었을까. 대공황의 서막이 1929년 월스트리트 대폭락으로 열린 거야. 이는 1929년 10월 말에 발생한 주가 폭락 사태로, 10월 24일 목요일(검은 목요일)부터 29일 화요일(검은 화요일)까지 발생한 뉴욕 주식시장의 붕괴를 의미해. 주가 하락으로 마진론 상환 압박을 받은 주식들이 다시 쏟아졌고, 이는 하락을 더욱더 부채질했어. 이런 때에는 자금의 홍수를 일으켜 유동성을 급히 공급했어야 했지만, 연준은 움직이지 않았어. 당시 '청산주의'라는 단어가 유행했는데, 사실상 부실한 금융기관은 자연스레 파산하도록 연준이 방치한 거야. 하지만 이 모든 게 잘못된 선택이었음을 나중에 깨닫게 되지.

결국 주식시장의 붕괴로 시작된 금융권의 여파는 바로 은행권으로 넘어가게 되고, 시중에 자금이 부족해지자 사람들은 마음이 불안해졌어. 많은 사람이 은행으로 몰려가 예금을 찾기 시작했지. 이때는 예금자보호법이 없어서 은행이 파산하면 저축한 돈을 고스란히 날릴 수밖에 없는 구조였거든. 예금 대량 인출을 감당하지 못한 은행들은 고금리로 자금을 융통하려 했으나 이마저도 여의치 않았고 결국 그렇게 파산 대열이 이어졌어. 1929년에 파산한 은행의 수만 무려 660여 개야.

이에 뉴욕 연방준비은행은 바로 금리를 3.5%로 낮추고 연방 정부 채권을 매입해 시중에 유동성을 즉각 공급했어. 하지만 이것만으로는 부족했어. 당시 대통령인 후버는 재정의 균형을 맞추는 데 많은 신경을 쓰고 있었거든. 추가적인 공급을 기대하기 힘든 상황이었던 거지. 더구나 당시 금융재벌이자 재무부 장관이었던 앤드루 멜런Andrew Mellon은 공황이 빨리 정리될 것이라는 상당히 낙관적인 전망을 내놓았어.

이런 어수선한 와중에 1930년을 맞아 후버 대통령은 본인의 과거 경력(상무장관 출신)과 걸맞지 않은 커다란 실책을 저지르게 돼. 스무트-홀리 관세법Smoot-Hawley Tariff Act이라는 법을 통과시킨 거야. 이 법은 농부들이 겪고 있는 경제적 고통을 덜어줄 목적으로 외국 수입품의 관세를 대폭 올리는 내용을 담고 있었지. 이는 무역 상대국의 보복 관세를 부를 수 있는 문제점을 안고 있었어.

이 법안이 진행될 당시 1000여 명의 경제학자가 후버 대통령에게 관세 법안에 대한 대통령 거부권을 요청하는 서명 운동을 벌이기도 했어. 하지만 1930년 6월 후버 대통령은 이 법안에 최종 서명을 하고 말았지. 물론 재무부 장관도 반대하지 않았어. 스무트-홀리 관세법은 그렇게 실행이 됐고 그 효과는 즉시 나타났어. 이후 2년여에 걸쳐 각국의 보복 관세가 부과되어 미국의 수출이 급격히 감소한 거야. 1929년 52억 달러를 기록했던 수출액은 1932년에 21억 달러로 규모가 61%나 줄어들었지.

✦ 나치의 탄생을 초래한 1만 개의 은행 파산 ✦

이 순간부터 더 본격적인 대공황의 피해가 발생하기 시작했어. 가장 기본적인 경제 척도인 실업률에도 그 영향이 고스란히 기록됐지. 1930년 말에 실업률은 11.9% 정도였는데, 1931년에는 15%, 1932년에는 자그마치 23%에 이르면서 경제는 계속 악화했어. 가장 큰 문제는 경제적 어려움을 이기지 못해 자살하는 사람이 속출한 것이야. 빈곤을 최우선으로 해결해야 하는 시기가 도래한 거지. 더불어 파산하는 은행도 매년 신기록을 경신할 정도로 늘어갔어.

1930년에 1352개의 은행이 사라졌는데, 그중 11월과 12월에 문을 닫은 은행만 608개였어. 그중에서도 사람들에게 깊은 충격을 준 건 유나이티드스테이츠은행의 파산이었어. 이 은행은 상당히 규모가 큰 은행이었고, 약 45만 명의 예금주가 소매업과 의류업에 종사하고 있는 유대인이었어. 유나이티드스테이츠은행이 파산하며 사람들은 더 큰 불안과 공포를 느꼈어. 그렇게 다시 한번 대규모 예금 인출 사태가 벌어지게 돼.

1930년부터 1933년 사이에 1만여 개의 은행이 문을 닫았는데, 이는 전체 은행의 약 40%에 해당하는 비율이었어. 이로 인한 통화 공급은 약 30%나 줄어들었어. 통화량 감소로 기업들이 쓰러지면서 연방정부의 세수입도 크게 줄어들었지. 은행의 파산과 실업자

유나이티드스테이츠은행 파산 당시 모습

의 증가로 경제는 점차 악화하였고, 사람들의 생활 수준은 거의 바닥까지 내려갔어. 당시 후버 대통령의 이름을 활용한 유행어가 쏟아질 지경이었어. 후버 빌은 판자촌과 노숙자 야영지를, 후버 가죽은 구멍 난 신발 밑창에 덧대어 쓰는 골판지를, 후버 담요는 몸을 덮고 자는 신문지를 뜻했어.

　　바다 건너 유럽에서도 한바탕 소동이 일어났지. 1931년 5월에 오스트리아 최대 은행인 크레디트안슈탈트Creditanstalt가 파산을 한 거야. 뒤를 이어 7월에는 독일의 가장 큰 은행인 다나트Danat가 무너졌어. 이 여파로 오스트리아와 독일의 수많은 은행이 역사 속

대공황 당시 무료 급식소 풍경

으로 사라지면서 제1차 세계대전의 배상금을 지급하는 건 고사하고 독일 경제가 빠르게 붕괴하기 시작했어. 이후 독일에는 초인플레이션이 발생하는데, 이 일련의 사건들은 히틀러가 등장하여 나치즘Nazism이 자리 잡은 계기로 작용하게 돼.

1932년 대통령 선거를 앞두고 민주당 후보 프랭클린 루스벨트는 대공황의 책임을 두고 후버를 집중적으로 공격했고, 후버는 이를 받아치는 형태의 정치 공방이 벌어졌어. 이후에도 미국의 금본위제를 지키기 위해 연준은 1932년 10월부터 다시 금리를 올리기 시작했고 경제 상황은 더 나빠졌지. 고통에 몸부림치던 사람들은 결국 대통령 선거에서 루스벨트를 선택했고, 그는 압도적인 승리를 거두었어. 이제 루스벨트 대통령에게 황폐해진 미국 경제를 살려야 한다는 시대적 과제가 부여된 거야.

16

뉴딜

◆ ─── ◆ ─── ◆

인간의 선의가 성공한
처음이자 마지막 사례

1933년 미국의 32대 대통령으로 프랭클린 루스벨트가 취임했어. 그의 눈앞에는 대공황이라는 전대미문의 숙제가 자리 잡고 있었지. 하지만 루스벨트는 특유의 쾌활한 성격으로 이 위기를 이겨낼 것이란 태도를 보였지. 그는 취임 후 〈노변담화Fireside Chat〉라는 라디오 프로그램에서 정부 정책을 설명하고 사람들의 이해를 구했어. 그렇게 대통령 재직 기간 동안 총 30회의 라디오 방송을 진행해.

　　루스벨트 대통령은 "우리가 두려워할 것은 두려움 그 자체다"라고 말하면서 대공황을 이겨내기 위해 과거에 없었던 과감하고 혁신적인 정책을 펼칠 거라고 설명했지. 라디오를 들은 사람들은 서서히 마음을 열었고 심리적 안정도 찾게 됐어. 이런 영향으로 예금 대량 인출 사태가 멈췄고, 은행 예금이 늘어나는 일도 생겨나기 시작했어.

루스벨트가 시행한 경제 개혁이 그 유명한 뉴딜 정책New Deal이야. 흔히 '3R'로 불렸는데, 개혁Reform, 회복Recovery, 구제Relief가 핵심이었어. 이 세 가지는 각각 금융 통제 강화, 지출 확대를 통한 실업자 구제, 국민에 대한 광범위한 복지 정책 시행을 뜻했어. 즉 연방정부가 가진 모든 역량을 경제 정책에 투입하고 적극적으로 개입하여 경제를 살리겠다는 의지를 보여준 것이지. 이를 뒷받침하기 위해 의회는 대통령에게 이전까지 누구도 가지지 못했던 권력을 부여해 주었어.

뉴딜 정책의 진행 시기는 크게 두 가지로 나뉘어. 경제 정책을 위한 법을 제도화하고 집행하는 방식의 1차 뉴딜과 연방정부 재정 정책을 중심으로 한 2차 뉴딜이야.

1차 뉴딜 때는 말 그대로 과감하고 새로운 법을 도입하고 집행했어. 취임 직후 번졌던 은행의 도산을 막기 위해 강제로 은행 휴일을 선포하고 바로 긴급은행법을 의회에 제출하여 통과시켰어. 이 법을 통해 부실 은행을 정리했고, 우량 은행에는 연방 자금을 동원하여 재정을 지원해 주었어. 그렇게 은행에 대한 신뢰도가 회복됐지. 또 금의 태환과 외국으로의 유출을 중지시켜 금본위제를 정지시켰어. 이에 따라 태환 요청이 중단되면서 돈의 인출이 줄어들고 은행의 예금이 늘어나게 됐지.

이어 경제법을 통과시켜 정부의 균형예산 정책을 진행했어. 공무원 월급을 줄였고, 퇴역 군인에게 지급하는 연금도 이전보다 규모를 축소했어. 정부의 지출을 통제해 비용을 줄이는 데 동의한 거야. 5월에는 연방 긴급 구호법(실직자 구호 기금 5억 달러 지원), 농업 조정법(농촌 모기지 지원 및 농산물 과다 생산 방지를 통한 안정화), 테네시 계곡 개발 공사의 설립 승인, 연방 증권법(최초의 증권업 규제 법안)을 추진했어.

6월에는 국가 고용법(실직자 구직활동 지원), 주택 소유자 재융자법, 글래스-스티걸법Glass-Steagall Act(금융의 일대 혁신을 가져옴), 농촌 신용 대출법, 긴급 철도 수송법, 미국 산업 부흥법이 승인됐어. 취임 이후 100일간 많은 변화가 이루어진 거야.

이 중에서 글래스-스티걸법은 미국 금융 역사에 큰 기록을 남긴 놀라운 법이었어. 이 법이 생기며 모든 은행은 상업은행과 투자은행 중 하나를 선택해야 했어. J. P. 모건은행도 투자은행 부문을 분리해 모건 스탠리로 독립시켰지. 아울러 새로운 법안 중에 상업은행의 예금 2500달러까지 예금자보험으로 지급이 보장되는 조항이 있었고(이후 한도가 5000달러로 증액), 이를 위해 연방예금보험공사 FDIC가 발족했어. 이 정책은 지금도 사용되는 예금자보호법의 시작점이라고 볼 수 있어.

추가로 연방준비제도 내 연방공개시장위원회를 설치하여 시장의 자금 상황을 관리할 수 있는 통화금융 정책 권한을 부여했어. 1934년에는 증권거래법이 승인되어 미국 증권거래위원회SEC가 생겼고, 이 기관에서 증권사의 무분별한 투자와 투기를 단속하는 등 규제를 강화해 나갔어. 그리고 득보다 실이 많았던 금주법을 폐지했지. 시민들의 지지를 받으면서 주 정부의 새로운 수입원을 만들어 간 거야.

이러한 규제와 강력한 정책으로 경제는 일순간 살아났고, 달러의 가치가 평가절하되면서 가격이 낮아진 미국 제품의 수출이 증가했어. 통화량이 늘어나는 한편 이자율이 감소하여 경기 회복의 발판을 마련했지.

← 1930년대 최대 근로 시간이 주 44시간이었던 나라 →

이러한 성과에 힘입어 1935년에는 2차 뉴딜 정책을 진행했어. 여기에 은행의 2차 개혁, 공공사업 진행을 위한 노동 프로그램의 확장, 개인의 고소득과 상속 재산에 대한 소득세율 인상이 해당하지. 또 경제사에서 중요한 법 중 하나인 전국노동관계법과 사회보장법도 이

때 만들어졌어.

전국노동관계법은 이 법을 제안한 민주당 상원의원인 로버트 와그너Robert Wagner의 이름을 빌려 '와그너법Wagner Act'이라고도 불려. 이 법으로 근로자가 단체 협상의 권리를 가지면서 고용자와 급여, 근로 조건 등을 두고 협상할 수 있게 되었지. 또 이 법을 기반으로 전국노동관계국이 설립되면서 그동안 힘의 논리로 진행되던 노사의 협상 관계가 국가 권력에 의존하게 돼. 이를 통해 하나의 제도권 안에서 협상의 결과가 결정되는 기준이 마련된 셈이야.

이에 더해 1938년에는 공정노동기준법이 진행되어 주 최대 근로 시간(44시간)과 최저 임금 보장(시간당 25센트), 16세 미만인 아동의 노동 금지와 18세 미만인 아동의 위험한 업무 배제가 승인됐어. 이 결과 남부에서만 근로 시간이 130만 시간 줄어들었고 30만 명의 임금이 인상되는 효과가 발생했어.

사회보장법은 2차 뉴딜에서 가장 핵심적인 정책이었어. 기존에 12개 주에 '노령보험'이 있기는 했지만 유명무실한 상황이었거든. 1930년대까지 현대화가 이루어진 국가 중에 국가 사회보장제도가 없는 유일한 나라가 바로 미국이었지. 사회보장법은 사회보장 성격의 퇴직연금, 실업보험 및 복리후생제도를 법과 제도를 통해 확립한 것이야. 1937년에는 주택법도 통과되면서 저소득 가정이 집을 마련할 수 있게 보조금을 지급해 주었어.

사회보장법을 최종 승인하는 루스벨트 대통령

　　일반적으로 뉴딜 정책은 연방정부의 재정을 단순히 쏟아부
어 경제를 되살렸다는 인식이 널리 퍼져 있지. 하지만 뉴딜 정책이
기존의 경제 정책과 가장 다른 점은 사람을 존중하는 데 초점을 맞
추고 있다는 거야. 인간이 겪는 고통 중 하나인 빈곤을 극복하는
걸 정책의 기준으로 삼았다는 뜻이지. 루스벨트 대통령의 뉴딜 정
책이 특별한 조명을 받는 데에는 이러한 배경이 있었어.

17
자본주의의 황금기

케인스의 도움으로
마음껏 부를 만끽하다

루스벨트 대통령의 뉴딜을 거치고, 제2차 세계대전에서 승리도 맛
본 미국에서는 정부의 역할이 점차 커지고 중요해졌어. 그러자 정
부의 개입을 강조한 경제학자 케인스의 경제이론이 세상을 지배하
기 시작했어. 정부의 공공 정책 확대가 국가 경제를 성장시키고 경
제 위기를 해결한다는 믿음이 퍼져나간 거야. 대공황 당시 경제 상
황을 가만히 지켜만 보던 정부가 뉴딜을 거치면서 적극적으로 개
입하는 방향으로 선회한 것이지.

또 제2차 세계대전 이후에 벌어진 소련과의 냉전 체제도 정
부의 역할에 중요한 변화를 만들었어. 공산주의로부터 자유 체제

를 지켜야 한다는 명제가 자국의 시민들이 공산주의 혁명에 눈길을 보내지 않도록 해야 한다는 의무감으로 이어진 거야. 그래서 실업 문제 해결을 비롯한 적극적인 복지 정책을 시행하게 된 셈이지. 앞서 살펴본 것처럼 사회보장제도는 물론 연금제도, 실업수당 등이 개선됐고 최소 노동시간도 부여됐잖아. 이는 단순히 미국의 이야기로 그치지 않았어. 미국은 제2차 세계대전 이후 유럽 각국에 물자와 자금을 원조하여 유럽 국가들이 빠르게 산업화의 기반을 마련해 자립할 수 있도록 도왔어. 이를 유럽 국가들이 공산주의에 물들지 않도록 막을 최적의 방법이라고 판단했던 거야.

　　연방정부가 직접 경제에 개입하면서 기업은 동종 업계 간에 무리하게 경쟁하기보다는 적극적으로 제품을 생산하는 데 집중했어. 그렇게 더 많은 이윤 창출에 집중할 수 있었지. 기술 개발과 근로자의 생산성 향상을 위한 노력도 이어졌어. 연방정부와 가격 협상을 벌이던 상황에서 벗어나 기업 스스로 가격결정권을 갖게 된 것도 큰 변화였지. 정부의 영향력으로 근로자에게 높은 임금을 부여하다 보니 이윤을 많이 남겨야 했고, 그러기 위해서는 물건 가격을 올려야 했어. 기업은 적정한 이윤 보장을 정부에 요구했고 가격결정권을 적극적으로 행사하게 됐지. 기업은 늘어난 이익으로 다시금 새로운 기술과 생산에 투자하면서 이를 담당할 새로운 인력을 고용했어. 결국 정부가 원하는 고용 투자를 통해 실업률을 내리면서 기업의 적정한 성장을 만들어나갈 수 있었던 거야.

이러한 경제 성장에 더해 연방정부의 금융정책 스톱앤고 STOP&GO(금리 인상과 인하를 반복하는 것)가 진행됐어. 시장이 활황일 때는 세금을 늘려 화폐의 유통을 줄이는 긴축 재정을 시행하고, 불경기가 오거나 실업률이 높아지면 적극적인 재정 확장 정책을 통해 화폐 발행을 늘려나간 거야.

미국만 그랬던 것도 아니었어. 1950년부터 1973년까지 대부분의 국가가 이러한 방향으로 정책을 시행했어. 그래서 '자본주의의 황금시대Golden Age of Capitalism'라고 불릴 만큼 안정적이고 높은 성장률을 만들어 낸 것이야.

◆— "우리는 모두 케인스주의자다" —◆

이런 배경에는 영국의 경제학자 존 메이너드 케인스의 역할이 가장 컸다고 할 수 있어. 케인스는 1920년에 발생한 영국의 대규모 실업난과 1929년의 대공황을 집중적으로 분석했고, 그 해결 방법으로 정부의 재정 정책 확대와 통화 팽창 정책을 제시했어.

즉 정부가 적극적으로 경제 활동에 개입해야 한다고 주장한 거야. 세수입 이상의 정부 지출이 진행되면 시장의 수요를 해결하는 것은 물론, 기업들이 이를 해결하기 위해 적극적으로 노동자를 채용하여 실업률이 감소하면서 전체적인 총소득이 증가한다는 뜻이었어. 정부의 지출이 늘어나 통화량이 팽창하면 이자율이 낮아지고, 그러면 기업들이 적극적으로 투자를 위해 대출을 받게 된다는 의미야. 케인스는 정부의 개입이 경제 발전에 긍정적인 영향을 미치고 나아가 더 발전된 미래를 가져올 거라고 믿었던 거야.

이 경제 정책은 미국뿐 아니라 유럽 각국에 널리 퍼지게 됐고 자본주의 국가가 성장하는 데 핵심 이론으로 자리 잡았어. 이것을 케인스경제학이라고 불렀지. 정부의 정책을 설계하는 세계 경제학자의 대부분이 이 경제이론을 근거로 움직였을 정도였어. 심지어 닉슨 대통령은 1971년에 "우리는 모두 케인스주의자다"라고 말할 정도였지.

이렇게 케인스의 이론이 등장하여 정부의 지출이 늘어나고 실업률이 떨어지면서 노동자들의 수입이 크게 증가했어. 이전에는 하루 벌어 하루 먹고살기도 힘든 사람들이 많았지만, 소비가 늘어나자 중산층에 합류하는 사람들이 크게 늘어났지. 대공황 당시 중산층의 비율은 약 30%였는데, 케인스의 이론이 등장한 이후에는 중산층 비율이 60%대로 껑충 뛰어올랐어.

중산층의 확대는 기존에 없던 새로운 소비문화를 불러오게 돼. 그중 일등 공신은 대량생산으로 인해 가격이 낮아진 세탁기와 대중화에 성공한 텔레비전이었어. 가정에서 주부들의 노동시간이 줄어들었고, 이와 더불어 텔레비전 문화의 새로운 바람이 불어왔어. 늘어난 소득과 새로운 유행에 맞춰 사람들이 더 많은 소비를 하게 된 거야. 이 시기부터 미국의 소비문화가 대중의 주도로 이루어졌다고 볼 수 있어. 레이 크록Ray kroc의 맥도날드 프랜차이즈 확장과 디즈니랜드의 개장은 이런 사회적 분위기를 대변했다고 할 수 있지. 이에 더해 케인스식 복지국가 모델이 본격 도입되어 사회복지 정책이 번영을 누리게 됐어. 사람이 태어날 때부터 죽을 때까지 복지 정책을 지원한다는 의미의 '요람에서 무덤까지'라는 유명한 말이 나온 것도 이때야.

하지만 이 흐름이 꺾이는 사건이 발생하게 돼. 1970년대에 일어난 두 차례의 석유파동과 그에 따른 물가 상승이야.

18

두 번의 석유파동

세계 경제를
집어삼키다

1900년대 초 중동에서 석유가 발견된 이래 이 지역에는 영국의 입김이 줄곧 작용하고 있었어. 정부의 보호령 아래 대규모 자본이 진출하면서 영국은 석유 사업으로 막대한 이익을 얻고 있었지.

제2차 세계대전 후 이런 불합리한 방식에 불만이 많았던 아랍 국가들은 지속해서 영국과 석유 협상을 벌여. 하지만 번번이 실패하고 말았어. 아랍 국가 중에서도 특히 이란이 불만의 목소리가 높았지.

결국 1951년 4월 이란의 모하마드 모사데크^{Mohammad Mossadegh} 수상은 보상금을 지급한다는 내용을 일방적으로 발표한 뒤 영국계 회사인 '앵글로-이란 석유회사(후에 브리티시페트롤리엄으로 사명이 바뀜)'를 단번에 국유화해 버렸어. 손해를 본 영국은 당연히 크게 반발했고 미국의 협조로 국제사법재판소에 이에 반대하는 안건을 제소했지만, 최종 판결은 이란의 손을 들어줬어. 영국의 국제적 영향력이 줄어든 것을 반영한 결과였지.

분통이 터진 영국은 이에 굴복하지 않고 미국과 손을 잡아 1953년 이란에서 쿠데타를 일으켜. 이를 '아작스 작전'이라고 부르지. 이 작전으로 모사데크 수상이 쫓겨나고 군부 세력과 팔라비 2세인 모하마드 레자 팔라비Mohammad Reza Pahlavi 중심의 정부가 세워졌어. 외국의 도움을 받아 권력을 쥐게 된 팔레비 2세는 다시금 석유이권을 미국과 영국에게 나눠 주었고 서구화 정책을 진행하여 미국과 유럽의 문물을 받아들였어.

하지만 무분별한 외국 문화 도입을 격렬히 반대했던 이슬람 종교 지도자들과 팔레비 2세의 철권통치에 고통받던 이란 국민이 들고일어나 1979년 이란 이슬람 혁명Islamic Revolution을 성공시키지. 결국 팔레비 2세는 권좌에서 쫓겨나 외국으로 망명했어. 새로 정권을 잡은 종교 지도자 아야톨라 루홀라 호메이니Ayatollah Ruhollah Khomeini는 반미·반서방 정책을 내세웠어. 사실상 석유의 이권을 두고 시작된 혼란의 연속이었지. 이 사건들이 계기가 되어 2차 석유파동이 발생했고, 그로부터 1년 뒤 이라크의 침공을 맞은 이란은 전쟁을 벌이게 돼.

이처럼 각국의 이해관계에 따라 중동에서 혼란이 벌어지기 이전에 세상을 뒤흔들어 놓았던 사건이 바로 1973년에 발생한 1차 석유파동이었어. 제4차 중동전쟁의 영향으로 석유수출국기구가 하루아침에 석유 가격을 배럴당 3달러에서 12달러로 네 배나 인상한 사건이었지. 이에 더해 석유 생산량도 대폭 줄이면서 미국과 영국 경제가 직격탄을 맞게 돼. 이 영향으로 미국의 석유 공급가가 10배 이상 폭등하면서 경제에 큰 충격이 왔어.

미국 경제는 1973년까지 고속 성장을 하고 있었는데, 그다음 해인 1974년에는 산업생산량이 14%나 하락했어. 여기에 두 자릿수의 물가 상승이 겹치면서 전형적인 불황이 시작됐지. 이에 따라 대량 실업과 이자율 상승, 자산가치의 하락(부동산 가격의 폭락)으로 주식시장도 폭삭 가라앉아 버렸어. 단지 미국의 문제만은 아니었어. 석유를 사용하는 전 세계 국가가 비슷한 상황을 맞이했지.

이와 반대로 아랍 국가들은 폭등한 석유 가격으로 넘치는 오일달러를 주체할 수가 없게 됐어. 갑자기 밀려드는 돈 때문에 어찌할 줄 모르다가 자국의 경쟁력을 높이고자 국내 산업에 투자하기 시작했어. 하지만 지리적 여건이 너무 열악했어. 국토 대부분이 사막이라 시설 투자 대비 수익률이 너무 낮았던 거야. 실제로 엄청난 돈을 들여 설비도 짓고 외국에서 유능한 경영진도 데려왔으나 효과적인 성과를 거두지 못했지. 오히려 낭비되는 돈이 더 많았던 거야.

결국 아랍 국가들은 새로운 투자처로 눈을 돌리는데, 선진국 중 미국에 주목하게 돼. 원유의 대금은 오로지 달러로만 결제가 되니, 보관 중인 달러 환율의 손실을 걱정하지 않아도 되는 점은 추가적인 이익이었어. 이후 아랍 국가 중에서 영향력이 높은 사우디아라비아와 미국의 밀월 관계가 본격적으로 시작됐어.

✦— 석유를 둘러싼 힘겨루기 —✦

미국 정계는 석유파동을 계기로 중동의 중요성을 깨닫게 됐어. 이는 기존 정치 외교의 중심이 이스라엘에서 아랍으로 변하는 계기가 됐지. 동시에 원유 가격의 결정권이 석유자본에서 석유수출국기구로 넘어가게 됐고, 아랍 국가들이 본격적으로 세계 경제에 등장하기 시작했어. 과거 중동에서 유럽 국가들이 가졌던 기득권은 모두 소멸했지.

이런 과정을 겪은 후 미국은 새로운 에너지 자원을 모색하고, 원자력발전소(일명 원전)에 관심을 품게 돼. 하지만 1979년에 스리마일섬 원자력발전소 사고가 발생했어. 이때 10만 명이 놀라 대피하는 소동이 벌어졌는데, 이 사고는 냉각수 시스템에 문제가 생긴 게 원인이었어.

스리마일섬 원자력발전소 사고는 미국 시민들에게 큰 충격으로 다가갔어. 대체 에너지인 원전의 안전성에 대한 믿음이 깨지면서 석유 수요가 폭발적으로 늘어나게 돼. 원전의 위험성이 주요 쟁점으로 떠오르며 70여 개의 원전 건설 계획이 중단되기도 했어.

이때 이란에서 혁명이 일어나 석유의 생산량은 급격히 줄어들었지. 불난 집에 부채질하듯 1979년 12월에는 소련의 아프가니스탄 침공이 이어졌어. 아프가니스탄 내 친소련 정부의 영향력을 키우고자 소련 군대가 아프가니스탄으로 밀고 들어갔는데, 미국은

스리마일섬 원자력발전소

이를 공산주의의 확장으로 인식하고 공개적으로 반대에 앞장섰지. 당시 카터 대통령은 소련이 아프가니스탄을 발판 삼아 중동 지역에서 영향력을 확대하는 것을 염려해 엄중히 경고했을 정도였어.

◆— 미국이 경제 강국이 된 또 하나의 이유 —◆

이러한 혼란스러운 국제 정세 속에서 결국 1979년 2차 석유파동이 발생한 거야. 2차 석유파동은 공급의 감소로 인한 1차 석유파동과 달리 심리적·정치적 요소가 더 강했어. 사람들은 과거의 기억을 떠올리며 다시금 경제 위기가 닥쳐올 것이라고 불안에 떨었지. 결국 원유 가격은 단 몇 개월 만에 배럴당 40달러 이상까지 오르게 돼. 석유파동 전보다 가격이 두 배 이상 오른 거야. 미국을 포함한 많은 나라가 해결 방법을 찾기 위해 몰두했어. 결국 중동 지역 이외에 멕시코, 나이지리아, 베네수엘라와 같은 석유 수출국을 통해 원유 생산을 확대했고, 아이러니하게도 소련도 원유 수출을 대폭 늘려 더 이상 석유 가격이 상승하지는 않았어.

이러한 석유파동을 두 차례 겪으면서 미국의 산업은 더욱더 효율성을 추구하는 방향으로 재편됐고, 이전과는 다른 방향으로 경쟁력을 키우게 돼. 이후 연방정부는 기존의 제조업 중심의 산업에서 벗어나 금융과 서비스 쪽으로 경제 정책을 서서히 바꿔나가지. 그렇게 미국은 새로운 금융상품과 자본을 이용하여 전 세계 금융을 좌지우지하는 경제 강국으로 올라서게 됐어.

하지만 석유파동으로 인해 발생한 물가 인상은 스태그플레이션이라는 단어를 만들었고, 미국은 이 스태그플레이션을 극복하기 위해 엄청난 고통을 감내해야 했어. 이 문제를 해결하기 위해 이자율을 어마어마하게 상승시킨 사람이 있었는데, 바로 제12대 연방준비제도 이사회 의장이었던 폴 볼커Paul Volcker였어.

19

스태그플레이션

성장과 둔화가
함께 온다고?

제2차 세계대전이 끝난 후 미국의 물가는 안정적으로 유지됐어. 1968년까지 약 20년간 미국 물가 상승률이 연 2% 내외의 수준에 머물러 있었던 거야. 하지만 1968년 이후에는 물가가 조금씩 상승하기 시작했어. 그 사이 두 차례의 전쟁(한국 전쟁과 베트남 전쟁)을 거치며 쌓인 전쟁 비용과 린든 존슨 대통령의 '위대한 사회' 복지 정책이 맞물리면서 달러의 발행이 급격히 늘어났지.

　　발행이 늘어난 달러 수량만큼 물건의 가격은 올라가기 시작했고, 1973년에 발생한 1차 석유파동은 본격적인 물가 상승에 불을 붙였어. 이에 따라 근로자들은 임금 인상 시 물가 인상분에 대한 조건을 내세우기 시작했고, 한번 오르기 시작한 인플레이션은 내려올 줄 몰랐지.

이 당시 연방준비제도 이사회의 의장은 윌리엄 마틴^{William} ^{Martin}이었어. 연준의 아홉 번째 의장이었지. 그는 연준 의장 역사상 가장 오래 재직한(1951~1970년) 능력자였어. 마틴이 재임하던 시기에 연준은 비로소 연방정부로부터 확실한 독립성을 가지게 됐는데, 이런 영향력을 갖춘 마틴은 통화가 늘어나더라도 이자율을 낮게 유지한다는 기준을 준수했고 이를 정책에 반영했지. 하지만 결과적으로 1970년대 초에 와서야 낮은 이자율 정책이 얼마나 심각한 문제를 일으켰는지 뒤늦게 깨달았어. 치명적 실수가 그제야 눈에 보이기 시작한 거야.

그 뒤를 이어 연준 의장에 오른 이는 닉슨의 경제보좌관인 아서 번스$^{Arthur\ Burns}$였어. 그는 인플레이션의 대비책으로 이자율 인상을 추진하지 않고 오히려 물가의 주체인 임금과 물건 가격 통제를 진행해. 결국 이 정책도 실패하는데, 번스의 재임 기간(1970~1978년) 동안 연평균 물가 상승률은 자그마치 9%였어. 잘못된 방향의 가격 통제는 미국 내 기업의 수익성을 악화하는 데 일조했고, 실업자 수는 늘어났지. 그 결과 높은 물가와 높은 실업률이 조합을 이룬 스태그플레이션^{stagflation}이 발생했어. 이는 장기 경기 침체를 뜻하는 스태그네이션^{stagnation}과 인플레이션^{inflation}의 합성어

폴 볼커

인데, 높은 물가 상승과 경기 후퇴가 동시에 나타나는 경우를 말해. 일반적으로 인플레이션은 경기 상승에 따른 높은 물가를 말하고 반대의 표현인 디플레이션deflation은 경기 하락과 낮은 물가를 뜻하는데, 스태그플레이션은 이 두 조합에서 안 좋은 부분만 모아 놓은 거야. 그만큼 거대한 경제적인 위기가 닥친 상황이라고 볼 수 있지.

이때 2차 석유파동까지 발생하고 물가가 미친 듯이 오르자 당시 대통령이었던 지미 카터는 몹시 초조해졌지. 두 자릿수 물가 상승으로 사람들의 불만이 하늘만큼 치솟아 있었거든. 이러다 대통령 재선이 물 건너갈 수도 있는 상황이었어. 특단의 조치가 필요하다고 판단한 카터 대통령은 1979년 8월에 제12대 연준 의장으로 뉴욕 연준 의장이었던 폴 볼커를 임명해.

◆━ 특단의 조치를 취하다 ━◆

볼커 의장은 취임하자마자 바로 이자율을 인상하기로 마음먹었어. 긴축통화 정책으로 시중의 통화량을 바짝 쥐어 잡겠다는 뜻이었어. 이를 위해 볼커는 연준의 기준금리를 단기간에 대폭 올리는 과감한 결정을 내려. 1979년 평균 11.2%였던 연방기금 금리를 단 2년 만에 자그마치 21.5%까지 올려버린 거야. 가장 극단적이면서 효과적인 방법을 사용하여 스태그플레이션을 잡고자 한 것이지. 결과적으로 오랜 기간 경제를 괴롭힌 물가 상승을 멈추는 데 성공했어.

하지만 그 과정은 너무나 고통스러웠지. 짧은 기간 동안 두 자릿수 이상으로 금리가 치솟자 사방에서 불만이 쏟아져 나왔거든. 기준금리의 상승으로 시중의 돈이 모두 은행으로 몰려 급격한 통화량 감축이 발생하는 한편 대출 이자 부담이 순식간에 폭등하면서 기업과 농장주들의 파산이 줄을 이었어. 경제가 급속히 위축되자 시위를 벌이는 이들이 속출했고, 볼커의 정책에 대한 반대가 극에 달할 정도였지. 심지어 일부 농부들은 워싱턴 D. C.로 트랙터를 몰고 가 일부 도로를 점거까지 할 정도였어.

그렇지만 볼커는 이에 굴하지 않았어. 그는 고물가와 실업률을 반드시 잡겠다는 의견을 밝혔는데, 추가적인 이자율 인상도 불사하겠다는 의도가 담겨 있었어. 시장에 모든 것을 맡겨 두어서

로널드 레이건 대통령

는 안 되고, 정부의 개입이 필요하다는 뜻을 견지했지. 그렇게 자신의 정책을 그대로 밀고 나간 결과 물가 인상률은 1983년에 3%대까지 떨어졌지. 볼커의 뚝심이 견고하던 스태그플레이션을 잡아내는 데 성공한 것이야.

하지만 그를 선택한 카터는 대통령 선거에서 로널드 레이건에게 지고 말았어. 급격한 통화량 감소가 극심한 경기 침체를 불러왔고 고금리로 고통받던 사람들의 불만이 폭발했기 때문이야. 새로 대통령에 취임한 레이건은 취임 초기에 볼커를 그대로 기용하고 그의 정책을 준수해 나갔어. 하지만 자신만의 경제 정책인 레이거노믹스Reaganomics를 준비하면서 서서히 볼커의 정책을 밀어내기 시작했지.

　볼커가 시행한 강력한 통화 정책은 비록 높은 이자율과 함께 경기의 하강을 불러왔지만, 이 과정에서 미국 경제의 체질이 강화됐고 물가를 잡는 데 성공했어. 이후 연준은 서서히 금리를 인하하기 시작했지. 이는 1980년대 후반 미국 경제가 성장하는 데 밑바탕이 됐어. 이후 레이건 대통령은 새로운 경제 정책을 도입하면서 기존의 복지 정책에서 탈피하기 시작하는데, 자본주의의 황금기를 만들었던 케인스주의가 후퇴하고 신자유주의neoliberalism 경제 체제가 들어서기 시작한 거야.

20

레이거노믹스

케인스를 이긴
신자유주의 정책

미국의 제40대 대통령인 로널드 레이건은 배우 출신이었어. 그는 깔끔한 이미지와 준수한 외모, 재치 있는 언변으로 후보 시절부터 인기가 높았지. 대통령 재직 기간은 1981년부터 1989년까지였는데, 이 기간 동안 레이거노믹스를 시행했어. 이 단어는 '레이건'과 '이코노믹스'를 조합하여 만들어졌어. 이 정책의 주요 내용은 대규모 세금 감면을 통해 기업의 투자 의욕을 올려주고, 연방정부의 지출을 줄여 재정 적자를 축소하는 한편, 기업의 자율성을 최대한 보장하기 위해 대대적인 행정 규제를 풀어주는 것이었어.

특히 중점을 둔 것은 법인세와 소득세를 인하하는 등 세금

세금 감면 계획을 설명하는 로널드 레이건 대통령

을 줄여서 투자를 활성화하는 것이었어. 세금으로 내야 할 돈을 다시 사업에 재투자하는 방향으로 유도한 거야. 아울러 루스벨트 대통령 이후 확대됐던 복지 정책과 관련된 예산을 대폭 줄이고 세금 절감 혜택을 받을 수 있는 기준도 상향했어. 이에 더해 세금 지원을 받을 수 있는 대상자도 줄여나갔지. 결과적으로 연방정부의 지출을 크게 줄였는데, 루스벨트 대통령 이후로 추진해 온 복지 정책과 완전히 반대의 성격을 띠었어.

이러한 배경에는 신자유주의 경제 정책의 영향이 있었지. 1929년 대공황 이후 연방정부는 케인스의 경제학을 기준으로 정책을 펼쳐나갔어. 케인스의 유효수요 이론을 배경으로 경제의 발전 과정을 살피면서 이에 대한 해결 방법을 국가 운영에 적용해 왔지.

대표적으로 재정 금융 정책을 확대하는 것, 빈부의 양극화를 줄이기 위해 정부가 적극적인 소득재분배 정책을 시행하는 것, 기업의 독과점을 방지하는 것, 이윤이 적은 공공재의 경우 정부가 이를 도맡아 공급하는 것 등 사실상 정부가 주체가 되어 적극적인 경제 개입을 주장한 것이야. 연방정부 주도의 복지 정책도 여기에 포함됐지. 이를 배경으로 미국과 유럽 국가들은 자본주의의 황금기를 만들어냈어.

하지만 점차 상황은 바뀌었어. 1970년 말 이후 스태그플레이션이 시작되면서 케인스의 경제 이론에 의문을 제기하고 반론을 펴는 사람들이 생겨났어. 대표적으로 시카고학파Chicago school가 그랬어. 이들은 통화주의자monetarist라고도 불렸는데, 경제 활동에서 가장 중요한 것은 화폐의 역할이며 통화 정책을 중요한 경제 정책으로 추진해야 한다고 주장한 사람들이야.

시카고학파는 현재까지 30여 명의 노벨 경제학상 수상자를 배출하고 각국 정부의 주요 경제 자문단으로 활동할 만큼 영향력이 높은 학파야. 대표적인 학자로는 밀턴 프리드먼Milton Friedman과 조지 스티글러George Stigler가 있지. 이러한 시카고학파의 이론적 배경이 레이거노믹스의 바탕을 이루며 케인스의 정책과는 대척점에 서게 돼.

← 자본주의의 흐름을 바꾼 새로운 경제 정책의 등장 →

신자유주의는 경제 주체를 정부가 아닌 기업으로 봤어. 기업이 스스로 무질서한 시장을 정리하고 자체적으로 윤리적 도덕성을 부여할 때 시장이 자발적으로 질서를 잡을 수 있다고 여긴 거야. 케인스가 주장한 정부의 적극적인 정책 관여와 개입과는 완전히 다른 방향을 바라본 거지.

신자유주의자들은 자유 시장 원칙을 강조하면서 금융시장의 규제를 약화시키고자 했어. 또 정부 주도의 산업을 민영화하고, 사회 보호 제도 부문의 정부 예산 축소를 목표로 삼았지. 노동시장의 유연화를 통해 기업 경영의 자율화도 보장해 주고자 했어.

이에 더해 법인세율을 인하하여 기업 성장을 촉진하는 한편 기업의 발전에 장애가 되는 모든 규제를 풀어야 한다고 주장했지. 이 때문에 자유 시장을 위한 규제 완화, 재산권 존중, 각 국가 간의 규제를 최소화하는 자유 무역주의를 지향했어. 국가가 스스로 개방을 하는 것 외에도 세계무역기구WTO, 세계은행World Bank, 아시아개발은행ADB 등 다자간 압력을 통한 개방도 가능하다고 봤어. 사실상 무역 시장 개방을 강자의 논리로 바라본 셈이지. 이러한 신자유주의는 영국의 마거릿 대처 총리와 미국의 레이건 대통령이 경제 정책으로 채택하며 단기간에 경제학의 주류로 떠올랐어. 장기간의 불황을 끝낼 수 있다는 희망을 안고 말이야. 그렇게 신자유주의는 세계화의 시작과 함께 전 세계로 전파됐고, 레이거노믹스의 효과는 시행 초기 긍정적인 결과를 가져오지.

세금 감면과 기업의 대대적 행정 규제 완화, 대규모 석유파동 이후의 석유 공급 확대에 따른 안정화와 퇴직연금(연기금)의 주식 매입이 시작되면서 주가는 서서히 올라가기 시작했어. 16개월간 다우지수가 지속적인 성장을 이어갔지. 그렇지만 모든 게 안정화되고 좋아진 건 아니었어. 감세 정책으로 인해 세수가 감소하여 재정 적자가 났고, 일본 등 새로운 국가의 성장으로 무역 불균형이 일어나 무역 적자도 벌어졌어. 두 가지 효과로 연방정부의 쌍둥이 적자Twin Deficits라는 말이 만들어졌고, 이는 오랜 기간 연방정부의 골칫거리로 남게 돼. 더구나 볼커의 고금리 정책 때문에 연방정부의 국채 이자는 계속 늘어났고, 소련의 아프가니스탄 침공 이후 이를 견제하기 위한 국방비 지출도 기하급수적으로 늘어나 연방정부에 큰 부담이 됐어.

이러한 결과를 만들어 낸 레이건 대통령과 소련에 얽힌 재미있는 이야기가 하나 있어. 레이건 대통령은 재임 초기에 '강력한 미국'이라는 이름으로 대규모 재무장 계획과 우주 미사일 방어 시스템을 구축할 계획(일명 스타워즈Star Wars 전략)을 내세웠어. 아이러니하게도 소련은 이런 미국의 우주 정책을 견제하기 위해 뒤도 돌아보지 않고 무작정 군비를 늘렸고, 나날이 적자가 늘어갔지. 결국 이 적자는 소련이 무너진 주요 원인 중 하나가 돼. 소련은 1991년 12월 미하일 고르바초프가 대통령직을 사임하면서 붕괴했고, 지도부가 해체되면서 러시아를 비롯해 15개의 국가로 나뉘었어. 레이건의 정책이 결과적으로 소련이라는 강대국을 해체하는 결과를 낳은 거야. 이를 비롯한 다양한 이유로 레이건의 인기는 퇴임 후에도 치솟았고 그 시절을 그리워하는 사람도 많을 정도였어.

레이건 시대에 본격 도입된 신자유주의는 지금의 경제에도

로널드 레이건 대통령(좌)과 미하일 고르바초프 대통령(우)

영향력을 끼치고 있어. 하지만 그것 역시 완벽한 경제 정책은 아니었지. 자율성을 극도로 강조한 나머지 기업의 탐욕을 제어할 만한 견제 장치가 없어져 세상을 뒤흔드는 경제적 사건들을 만들어내기도 했어. 대표적인 사건이 바로 저축대부조합 사태와 2007년에 발생한 서브프라임 모기지 사태subprime mortgage crisis야.

불평등은 자본주의의 숙명일까?

오늘날 경제 체제

프랑스의 파리경제대 교수이자 경제학자인 토마 피케티Thomas Piketty
는 2013년에 한 권의 경제학 서적을 저술했어. 제목은 『21세기 자
본』이었지. 이 책에서 그는 자본으로 벌어들이는 수익이 경제성장
률보다 높아지면, 축적되는 자본이 소수의 부를 가진 이들에게 더
욱더 집중될 것이라고 말했어. 즉 월급으로 버는 돈보다 금융이나
자산에 투자해서 얻는 돈이 더 많아지면, 가진 자가 돈을 더 많이
벌게 되어 부의 양극화와 불평등이 더 심해질 것이라고 주장한 거
야. 심지어 이런 문제가 21세기에도 지속될 거라고 했어. 피케티는
이를 설명하기 위해 20여 개 국가의 경제 지표를 토대로 소득분배
를 분석했어.

　　이 책은 경제학자는 물론 일반 대중에게도 격렬한 논쟁을
불러왔는데, 경제와 자본주의가 성장하기 위해 필연적으로 발생하
는 불평등 때문이었지. 1980년대 이후 신자유주의 경제학이 미국
과 영국의 주도하에 적극적으로 도입되면서 세계는 하나의 경제권
으로 묶여 갔지만, 부의 양극화는 더 심해졌다는 평이 많아. 특히

경제 성장에 초점을 두다 보니 소득분배에 소홀해지면서 불평등이 발생했다는 거야. 대부분의 경제학 이론에서는 경제가 성장할수록 일시적으로 불평등이 생기지만 점차 이 간격이 줄어들기 때문에 결과적으로 성장은 모두에게 유익하다고 설명해.

하지만 피케티는 성장도 중요하지만, 소득분배야말로 자본주의에서 가장 중요하게 다뤄야 할 문제라고 지적했어. 결과적으로는 성장과 분배 중 단순히 하나를 선택해야 하는 것이 아니라 지나치게 격차가 커진 불평등을 줄이는 것만이 경제 성장에 도움이 된다는 주장이었어.

하지만 아직 어느 국가도 명확한 답을 찾지 못하고 있어. 다만 경제 운영의 주체에 따라 각기 다른 해답을 제시하고는 있지. 미국 대공황 이후 그 효과를 검증받은 케인스의 수정자본주의는 정부 주도의 경제 정책과 복지를 우선시했어. 반면 수정자본주의를 비판하는 프리드먼의 통화주의 학파는 신자유주의 정책과 연계하여 안정적인 연준의 통화 공급 정책만이 자본주의를 발전시킬 수 있다고 주장했어. 이에 더해 기업 중심의 정책을 위한 규제 철폐와 공공기업의 민영화, 국가의 과도한 복지 폐지와 축소 등을 우선시했지. 즉 민간 기업의 시장을 키우고 국가의 개입을 줄이는 것이 경제 성장에 더 도움이 된다는 의견이었어. 결과적으로 서로 반대되는 의견을 갖고 팽팽하게 맞서고 있는 셈이야.

참고로 지금 우리가 사는 경제 체제는 많은 부분이 신자유주의에 맞춰져 있어. 정부의 통제보다는 기업과 소비자의 상황을 우선시하고 있는 셈이지. 그래서 지금의 자본주의는 시장 중심의 경제 구조라는 성격을 갖고 있고, 이러한 신자유주의는 정치에도 많은 영향력을 미치고 있어. 공산주의 경제 체제가 국가주의 모델을 중심으로 운영되다가 무너진 사례를 들면서, 시장 중심의 자율적인 경쟁과 민간 기업의 발전이 얼마나 효율성 높고 우수한 경제 정책을 만들어내는지 설명하기도 하지.

하지만 이런 이면에 부의 쏠림과 양극화가 커졌다는 단점이 나타난 것도 사실이야. 특히 세계화라는 이름 아래 국가 간 자본의 이동이 자유로워지면서 금융의 힘은 계속 커지고 강해졌어. 월스트리트와 연준의 입김은 더욱 강력해졌지. 결국 외환 유동성을 이용한 헤지펀드의 투기와 외국 자본의 급격한 철수로 인해 1997년 아시아 금융위기가 발생하기도 했어. IMF, 외환위기라는 표현이 우리에게는 더 친숙하지? 또 미국에서는 2008년에 발생한 금융위기를 신자유주의가 단점을 드러낸 대표적인 사례로 여기고 있어.

지금은 이런 충격을 예방하고자 시장에 모든 것을 맡기지는 않고 있어. 공적인 부분은 국가가 관리하고 운영하며 사적인 부분은 기업과 시장의 논리에 따라 발전시키고 있는 중이야.

●

"현대 자본주의의 역사에서 위기는
예외가 아니라 표준이다."

_누리엘 루비니

Chapter 4

경제 위기

인간의 욕심은 끝이 없고 누구나 같은 실수를 반복한다

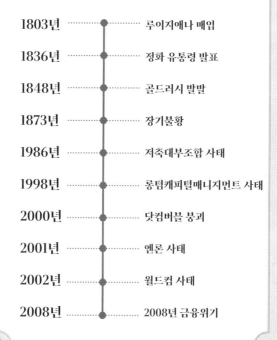

'경제 위기의 역사' 주요 사건

1803년	루이지애나 매입
1836년	정화 유통령 발표
1848년	골드러시 발발
1873년	장기불황
1986년	저축대부조합 사태
1998년	롱텀캐피털매니지먼트 사태
2000년	닷컴버블 붕괴
2001년	엔론 사태
2002년	월드컴 사태
2008년	2008년 금융위기

21

정화 유통령

정치적 오판으로
시작된 경제 불황

미국의 제3대 대통령으로 토머스 제퍼슨이 당선됐을 때의 일이야. 그의 재직 기간은 연임을 합쳐 8년이었는데, 임기 중 일어난 가장 인상적인 경제적 사건은 '루이지애나 매입'이었어. 이 지역은 프렌치 인디언 전쟁 이후 영유권이 프랑스에서 스페인으로 넘어갔지만, 1800년에 나폴레옹이 스페인을 합병하며 다시 프랑스로 소유권이 넘어간 상태였지. 하루아침에 프랑스령으로 주인이 바뀌자 루이지애나의 대표 항구인 뉴올리언스항을 사용할 수 없게 된 미국인들은 프랑스로 협상단을 파견하여 뉴올리언스 매입 의사를 표했어. 미국 대표단의 제안을 받은 나폴레옹은 뉴올리언스 항구를 포함해 루이지애나 전 지역을 통째로 거래하자는 역제안을 하게 되지. 그가 이렇게 통 큰 제안을 하게 된 건 아이티 반란을 진압하느라 막대한 전쟁 비용이 필요했기 때문이야. 갑작스러운 제안을 받은 미국 대표단은 2000만 달러로 뉴올리언스를 매입하려던 계획을 바꾸었어. 이보다 500만 달러를 낮춰 1500만 달러로 몇백 배나 넓은 영토를 얻을 수 있는 절호의 기회를 포착한 것이지. 미국 대표단은 즉각 본국에 연락을 띄우고 행동에 나서게 돼. 이때 제퍼슨 대통령은 자신에게 이를 시행할 법적 권한이 없다는 걸 알게 되고, 즉시 수정된 헌법을 적용하여 1803년에 루이지애나 매입을 마무리했어.

그 당시 여론은 쓸데없이 넓은 땅을 무리하게 빚을 내서 샀

루이지애나 매입 조약 체결 문서

다며 비판했지만, 이는 역사적으로 가장 성공적인 영토 확장 사례로 기록되지. 미국이 매입한 루이지애나 지역은 캐나다와 멕시코까지 이어질 정도로 방대한 영토였기에 미국의 크기는 기존보다 두 배 이상 커졌어. 전쟁이나 인명의 손상 없이 1에이커당 5달러라는 파격적인 협상으로 이뤄낸 결과였지.

넓어진 영토만큼 서부로 이주하는 미국인들이 늘어났고 이 지역의 개척도 진행되기 시작했어. 이후 시간이 흘렀고, 1834년에서 1836년까지 미국 경제는 호황기를 맞이하게 돼. 남부의 면화 가격이 오르고 북부의 제조업이 빠르게 성장하면서 운송의 효율성과 유럽으로의 무역도 늘어났지. 이 효과로 많은 양의 금과 은이 미국으로 흘러들었고, 은행의 숫자도 늘면서 유통되는 은행권의 발급 규모도 커졌어.

호황기에는 투자가 늘어나면서 돈을 벌고자 하는 사람들의 욕심도 같이 커지기 마련이지. 서부 지역에서도 마찬가지였어. 이곳에서는 주식보다 땅에 대한 관심이 더 높아졌어. 연방정부는 루이지애나 매입 이후 이 넓은 지역을 민간인에게 판매하기 시작했고, 헐값에 땅을 산 이들은 나중에 넘어온 이민자들에게 땅을 비싸게 팔아 이익을 얻었지. 이 과정에서 떼돈을 버는 이들이 속출하자 땅 투기 열풍이 불었어. 결국 사람들은 더 넓은 토지를 매입하기 위해 은행에 담보를 잡히고 대출을 받아 그 돈으로 다시 토지 대금을 납부해 추가로 매입하기 시작했어. 사람이 몰리고 토지 가격이 계속 상승하자 자연스레 땅이 돈을 부르고, 그 돈으로 다시 땅을 사는 순환 체계가 만들어진 거야.

특히 이 지역으로 막 건너온 이주민들은 급한 돈이 필요한 경우 자신이 소유한 땅문서를 중개인에게 헐값에 넘겼어. 그 문서를 사들인 중개인은 그 땅으로 대출을 받은 뒤, 대출금으로 이주민들의 땅문서를 다시 헐값에 사들였지. 국가의 귀한 땅이 중개인들의 이익만 늘려준 거야. 이 과정에서 은행권(지폐) 발급과 유통은 당연히 증가했고, 이를 지켜보던 당시 대통령인 앤드루 잭슨은 대경실색했어. 은행과 지폐를 극도로 불신했던 잭슨 대통령은 엄청나게 유통되는 지폐를 바라보면서, 투기가 투기를 부르는 이 상황을 해결해야겠다고 결심했어. 연방정부의 특별 조치가 필요하다고 판단한 대통령은 의회에 강력한 제재안을 요구했지만, 이미 수많은 정치인이 땅 투기에 깊게 연관되어 있어서 반대가 심했지. 쉽사리 제재 안건의 통과를 장담할 수 없을 정도였어.

앤드루 잭슨 대통령

그러자 잭슨 대통령은 한 가지 묘책을 생각해냈어. 의회가 휴회에 들어간 시기에 맞춰 1836년 정화正貨 유통령을 기습적으로 선포한 거야. 국가의 토지를 매입하고 그 대금을 지급할 때는 무조건 금화나 은화로 납부하도록 한 것이지. 은행권(지폐)은 일절

받지 못하게 했어. 이를 통해 토지 투기를 줄이는 것은 물론 지폐의 유통을 줄이고 순수한 정화(금이나 은)로만 거래가 이루어지게 만든 셈이지. 이에 따라 한순간에 땅 투기는 잠잠해졌어.

잭슨 대통령이 원하는 결과를 이뤄냈다고 안도한 순간, 동부에서 광풍이 불어왔어. 서부에서 금과 은의 요구가 갑자기 높아지면서 동부의 금과 은이 급격히 유출되기 시작한 거야. 지폐를 소유한 이들은 은행으로 몰려가 대거 금 태환을 요구했지. 결국 서부와 동부 양쪽에서 금과 은의 수요가 폭발하며 한꺼번에 가격이 치솟았어. 아울러 지폐의 금 태환 요구에 내몰린 은행들이 돌려줄 자금을 마련하고자 결사적으로 단기 차입에 달려들었고 일순간에 이자율이 상승했지.

추가로 전국적인 금 사재기 열풍이 불면서 금화를 구하지 못한 토지 계약자들은 결국 매입을 포기했고 시장에 팔지 못한 매물이 쌓이기 시작했어. 이에 더해 신용 경색을 우려한 은행들은 기존 대출금을 회수하기 시작했어. 담보로 잡힌 토지가 저렴한 가격으로 쏟아져 나왔어.

✦─ 하나의 위기가 다른 위기로 이어질 때 ─✦

이 상황을 빠르게 수습하고자 했던 연방정부는 한 가지 치명적인 실수를 저지르게 돼. 주 정부를 도와주고자 주법은행에 예치된 정부 예금을 갑자기 인출하기 시작한 거야. 초과 세수로 남아 있는 정부의 예산 자금을 어떻게 해결할지 고민하다가 각 주 정부에 골고루 나눠주자는 의견을 받아들였고, 은행에서 돈을 인출해 주 정부로 보내려고 한 것이지. 갑작스럽게 지폐의 발행과 유통이 축소된 상황에서 금 태환을 해주기 위해 고금리의 급전을 마련하던 주법은행들은 정부 예금까지 돌려줘야 하는 형편에 처하자 비명을 질러댔어.

은행 대출금을 상환하지 못한 사람들이 먼저 파산했고, 뒤이어 은행들도 줄줄이 무너졌지. 그러자 이번에는 은행에 대출을 받았던 회사들이 쓰러졌고 주가도 하락했어. 서부에서 시작된 은행 파산은 동부로도 번지게 됐지. 이 시기 유럽의 경제 상황도 미국의 사태를 더 악화시켰어. 바다 건너 영국은 급격한 수요 증가로 자국의 금과 은이 미국으로 유출되는 것을 막고자 이자율을 인상했는데, 이 효과로 영국 경제가 위축됐어. 영국의 경기가 나빠지자 미국에서 수입하던 면화 주문량이 줄어들었고 면화의 판매 가격은 절반으로 떨어졌어. 더구나 영국 투자자들이 미국 주식을 팔고 자

마틴 밴 뷰런 대통령

국으로 자금을 이전하면서 하락하던 주가는 아예 폭락하게 됐지. 결국 토지 매매를 통한 호황기에서 경제공황으로 일순간 분위기가 뒤바뀌게 된 거야. 1837년에 연방정부의 세수입이 절반으로 줄어들면서 극심한 불황이 시작됐어. 마침 사건의 발단인 잭슨 대통령의 임기가 같은 해에 끝나면서 이 모든 어려움을 후임 대통령인 마틴 밴 뷰런이 떠맡게 된 거야. 이 불황은 1843년까지 이어지게 되고 불경기를 이어받은 밴 뷰런 대통령은 경제를 회복하려 애썼지만 결국 실패하고 재선에서도 떨어지게 돼.

그나마 다행인 것은 이 시기의 산업구조가 농촌 중심의 자급자족 형태였다는 점이야. 그래서 급속한 산업 경제의 붕괴로 이어지지는 않았지. 농촌은 근근이 버티면서 견뎌냈으나, 도시의 상공인이나 근로자들에게는 매우 힘든 고통의 시기였어.

결국 정화 유통령은 1838년 5월 의회의 결의에 따라 폐지되고 말아. 한순간의 정책적 실수가 불러온 끔찍한 경제적 고통이었어.

22

골드러시

황금에 눈이 먼
사람들

1846년에서 1848년 사이에는 미국과 멕시코 간에 전쟁이 벌어졌어. 바로 미국-멕시코 전쟁Mexican-American War이야. 당시 대통령의 이름을 따 '포크의 전쟁'이라고도 불렸어.

이 전쟁은 미국의 일방적인 승리로 끝이 나는데, 과달루페 이달고 조약을 통해 미국은 엄청난 전리품을 얻게 돼. 아메리카 대륙 내 멕시코 영토였던 뉴멕시코주, 캘리포니아주, 콜로라도주, 애리조나주, 네바다주, 유타주 등을 저렴한 가격(1825만 달러)으로 양도받게 된 거야. 이 지역은 한반도의 15배에 달하는 광활한 영토였는데, 사실상 엄청난 크기의 땅을 헐값에 사들인 셈이지. 아이러니하게도 이 전쟁이 일어난 것도 영토 분쟁 때문이었어. 전쟁이 발발하기 10여 년 전으로 거슬러 올라가 보면, 1836년에는 텍사스 혁명이 발생하면서 텍사스 공화국Republic of Texas이 탄생했어. 텍사스 공화국에는 아메리카 대륙의 텍사스주 전체 지역과 와이오밍주, 뉴멕시코주, 콜로라도주, 캔자스주 일부가 포함됐어. 원래 멕시코의 코아우일라이테하스주에 속하는 지역이었는데, 텍사스 정부와 미국 이주민 사이에 벌어진 갈등이 전쟁으로 이어져 결국 북동부가 분리 독립하며 생겨난 공화국이야. 이 텍사스 공화국은 탄생 후 9년 만인 1845년에 미국에 흡수되어 28번째 주로 편입됐지. 멕시코는 텍사스 공화국의 독립은 인정했지만, 미국과의 합병은 인정하지 않아서 반발이 발생했어. 이것이 빌미가 되어 두 나라 사이에 전쟁이 벌어진 거야.

전쟁이 시작되자 1847년 3월에 미군의 수륙양용 군사작전이 진행되어 멕시코 베라크루스에 상륙하게 됐어. 반격다운 반격조차 하지 못한 멕시코군은 이 지역에서 바로 항복하게 돼. 이어 9월에 수도 멕시코시티가 미군에게 함락되면서 전쟁은 완전히 끝이 났어. 이후 종전 조약을 통해 미국은 멕시코에서 땅을 사들였지. 미국이 대서양에서 태평양으로 이어지는 광대한 영토를 갖게 된 배경이야. 하지만 새로 흡수 합병된 지역에 사람이 살고 있지 않은 곳이 많아서 경제적 가치는 파악하기가 어려웠어.

그런데 이곳에서 세계 경제를 뒤흔들 만큼 커다란 사건이 발생하는데, 바로 1848년 일어난 골드러시|gold rush야. 캘리포니아 지역 콜로마의 슈터밀에서 대량의 금이 발견되면서 사건은 시작돼. 연방정부는 조사관을 파견하여 실상을 조사했어. 결국 신문에 발굴된 금덩어리를 게재하며 슈터밀에 대규모의 금이 매장돼 있다는 걸 공식적으로 인정했지. 이 소식은 삽시간에 전 세계로 퍼져나갔고 이내 캘리포니아로 사람들이 몰려들었어. 부와 성공의 꿈을 좇아 뛰어든 셈이야.

여기서 발견된 금광은 기존의 것과 차원이 달랐어. 매장된 금

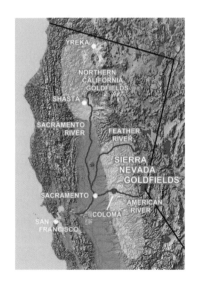

캘리포니아 금맥 지도

캘리포니아 금 채굴 현장

의 양이 당시 연방정부가 보유하고 있는 양보다 10배 이상 많았지. 전국에 걸쳐 약 30만 명의 사람들이 채굴에 뛰어들었어. 당시 운이 좋으면 한 금광에서 하루 평균 2000달러의 수입을 얻을 수 있었는데, 이는 한 가정의 몇 년 치 생활비에 해당하는 금액이었어. 아무리 작은 금광의 노동자라도 하루에 최소 20달러 이상을 벌었다고 해. 동부지역의 근로자 한 달 치 월급과 맞먹는 수치였지. 이러한 소식은 사람들이 안정된 직업을 포기하고 일확천금의 꿈을 꾸게 만들었어.

이 지역에서 채굴된 금의 양은 1849년에 60톤, 1853년에 93톤이었어. 무더기의 금이 쏟아진 거야. 골드러시 5년간 채취된 금의 양은 370톤에 달했어. 1851~1855년 이곳에서 생산된 금은 전 세계 금 생산량의 45%를 차지할 만큼 엄청난 양이었고, 그렇게 미국은 세계 최대의 금 생산지가 됐어.

← 갑자기 쏟아진 금이 바꿔놓은 것들 →

골드러시로 발견된 금은 경제에도 영향을 끼쳤어. 늘어난 금의 양만큼 화폐 발행이 가능해졌고, 이는 통화의 유통량이 급격히 늘어난다는 걸 의미했지. 캘리포니아에서 발견된 금광은 연방정부의 금화 주조량을 증가시켰고, 이를 담보로 한 은행의 지폐 발행도 기하급수적으로 늘어났어. 하지만 중앙은행의 부재로 인해 이를 통제하거나 제어할 만한 장치가 없어 경기는 과열의 단계를 넘어서게 됐고, 늘어난 부는 새로운 부를 쫓아 막대한 돈이 주식시장으로 흘러들었지. 넘치는 유동성으로 밀려 올라간 주가는 더욱더 높이 상승해서 그 열기는 계속 뜨겁게 달아올랐어. 주식 투자로 떼돈을 번 사람들이 속출하면서 거품이 급속도로 커지기 시작한 거야. 오르막이 있으면 내리막도 생기는 법, 1857년에 그 징조가 조심스레 나타났어. 캘리포니아 금광의 열기가 가라앉으면서 더 이상 금 생산량은 증가하지 않았고 유럽의 크림전쟁Crimean War이 끝나면서 재개된 러시아 농산물 수출로 미국 농산물의 수요는 일순간에 줄어들었어. 농부의 주 수입원이었던 농산물 가격이 폭락했고 바로 연관 소비가 둔화됐어. 여기에 추가적인 불씨가 하나 피어오르는데, 바로 1857년 8월에 오하이오 생명보험&신탁회사Ohio Life Insurance and Trust Company의 뉴욕 지부가 파산한 거야. 내부 직원의 사기와 횡령 때문에 발생한 파산이었는데, 당시 이 지점의 부채는 약 700만 달러였어. 이 소식이 퍼지자 금융가의 신용이 급속도로 위축됐어. 특히 미국 주식시장의 큰손이었던 영국 자본이 움찔하며 자금을 회수하기 시작했지. 아울러 영국의 이자율 인상도 자금 이탈에 영향을 미쳤어.

그러자 사람들의 이목이 그동안 염두에 두지 않았던 철도 회사의 재정 상태에 집중되었고 철도 회사의 옥석을 가리기 시작한 거야. 왜냐하면 당시 주식시장의 시가총액 대부분을 철도 회사가 차지하고 있었거든. 하지만 재정 상태와 상관없이 모든 철도 회사에는 거품이 끼어 있었어. 골드러시 당시에 철도 회사들은 호황을 누리고 있었는데, 사람들이 서부로 대거 몰리면서 운송량이 늘어나 수익성이 좋아졌던 거지.

더불어 철도 주변의 토지 가격도 상승하면서, 이 기회를 놓치지 않은 은행들이 앞다투어 대출을 내주었어. 대출을 받은 철도 회사는 규모를 더 크게 확장했고 이 중에는 실제 공사에 들어가지도 않은 페이퍼 컴퍼니(일명 종이철도회사)들도 끼어 있었어. 이들은 실제적인 사업을 위한 자산이나 철도망도 갖추지 못했고, 투자 자본이 중단되면 사실상 무너질 수밖에 없는 취약한 구조였지. 더구나 이 회사들의 주가는 아무 검증도 받지 않고 쭉쭉 상승하기만 했는데, 풍부한 유동성(금의 지속적인 공급에 의한 지폐의 발급량 증가)이 일으킨 거품이었지. 이 점을 눈치채기 시작한 투자자들은 그제서야 철도 회사의 재무 상태를 확인하기 시작했고 주가는 서서히 뒷걸음질치게 된 거야.

　　이런 불안한 상황에 또 다른 충격적인 소식이 전해졌어. 오하이오 생명보험&신탁회사가 파산하고 한 달 뒤인 9월에 노스캐롤라이나 앞바다에서 허리케인 때문에 센트럴아메리카호가 침몰했어. 이 배에는 금괴와 금화 약 3만 파운드(14톤)가 선적되어 있었는데, 배와 함께 바닷속으로 몽땅 가라앉아 버린 거지. 이 배의 승객 중에는 자신이 발견한 금과 함께 동부로 금의환향하던 사람도 있었어.

　　그들이 내륙이 아닌 바닷길을 이용한 건 이때는 대륙횡단철도가 개통되기 이전이었기 때문이야. 마차를 타고 서부에서 동부로 가기에는 너무 위험부담이 컸고 시간도 오래 걸렸거든. 배를 타고 파나마를 거쳐 동부로 가는 길이 가장 빠른 방법이었지. 이 배도 파나마-뉴욕을 운항하는 증기선이었어.

센트럴아메리카호의 침몰을 그린 그림

　　배의 침몰은 눈이 빠지게 금을 기다리던 사람들에게 청천벽력과 같은 소식이었어. 단순 해상 사고가 아닌, 경제 위기 해소를 바라던 이들에게 던져진 충격파였지. 이 영향으로 예금 대량 인출이 한꺼번에 몰리면서 10월에 주식을 거래하던 중개인 절반이 파산했고, 12월에는 약 5000개의 회사가 뒤를 이어 사라져 버렸어. 뉴욕 월스트리트는 금융위기 상태에 들어섰고 멀리 유럽에까지 여파가 미치게 되면서 1857년부터 1860년까지 연방정부의 세수는 3분의 1이 감소했지.

1857년에 발생한 불황은 1861년 남북전쟁 발발 전까지 이어졌는데 미국뿐만 아니라 유럽 각국에까지 전파된 세계 최초의 글로벌 공황이었어. 유럽은 각 나라의 중앙은행이 긴박한 금융위기 시 공동 대응을 통해 긴급자금을 공급하겠다는 방안을 마련하면서 이 상황을 극복해 나갔어.

23

1873년 대불황

세계 최초의 장기불황으로
탄생한 제국주의

미국의 노예제도로 발생한 남북전쟁은 북부의 승리로 끝이 났고, 패배한 남부는 이전의 모든 구조가 허물어지면서 경제 또한 황폐해졌지. 전쟁 중에 발행된 남부의 지폐 그레이백은 가치를 잃고 모두 휴지 조각이 됐어. 북부가 남부에서 발행한 채권은 지급하지 않기로 결정하면서, 전쟁채권을 매입한 남부인은 큰 손실을 보게 된 거야. 이에 더해 노예 해방으로 남부를 떠나는 흑인이 증가하자 남부의 주력 산업이었던 농업의 운영 방식에도 많은 변화가 생겼어. 살아남은 남부의 농장주들은 여전히 토지와 목화씨 등의 자산을 소유하고 있었지만, 일을 해준 노동자들에게 지급할 돈이 없었지.

그래서 소작농제도가 널리 유행하기 시작했어. 이는 토지 주인이 농업에 필요한 땅과 장비를 빌려주면, 이를 빌린 소작농이 직접 일을 하여 노동력을 제공하는 제도야. 수확기가 되면 계약한 양에 따라 토지 주인과 소작농이 농산물을 공평하게 나누지. 이런 형태가 제2차 세계대전이 끝날 때까지 남부의 농업 체제를 지배하게 됐어. 사실상 대농장주들의 영향력이 추락한 것이라 볼 수 있지.

몰락한 남부와 달리 전쟁에서 승리한 북부는 기계를 이용한 공업화에 박차를 가했어. 급속한 산업화가 진행됐는데 그 중심에는 철도 산업이 있었지.

남북전쟁 때 링컨 대통령의 승인 아래 진행된 대륙횡단철도 건설이 1869년에 완료되며 서부와 동부가 지리적으로 새롭게 연결됐어. 원활한 운송을 기반으로 산업 경쟁력이 한층 더 높아졌지. 대륙횡단철도의 완공 이전에도 각 지역의 특성에 맞는 산업이 발달하고 있었지만, 물류가 원활하지 않아 어려움이 컸었어. 남부에서는 면화 산업이 발달했고, 중서부 지역에서는 옥수수와 밀 농업이 발전했으며, 북동부 지역에는 대규모 공업지대가 조성됐지만, 필요한 상품을 제때 공급하는 것이 불가능했지. 가까운 거리를 이어주는 철도 노선은 있었지만 자주 갈아타며 화물을 옮겨야 해서 번거로움이 컸고, 철도의 폭도 제각각이라 화물차의 크기에 따라 옮기는 화물의 양도 조정해야 했어. 철도 운영 시간도 달라 무한정 기다

1900년 노던퍼시픽 철도 회사의 노선

리는 일도 부지기수였어. 하지만 대륙횡단철도가 생기며 이러한 문제를 모두 해결하게 돼. 운행 시각이 체계화된 것은 물론 철도의 궤도도 하나로 통일됐지. 아울러 날씨와 지형에 상관없이 일정한 속도를 유지할 수 있었고, 비용도 저렴해져서 물류와 관련된 지출을 획기적으로 낮추는 데 이바지했어.

　　산업 생산성도 기하급수적으로 상승했어. 1800년대 초 인력 중심이던 미국의 생산성은 연간 0.3%밖에 늘지 않았지만, 이 시기에는 약 여섯 배 이상의 상승을 이뤄냈어. 대규모 공장의 건설과 철도 산업의 성장에 맞춰 폭발적으로 늘어난 철강 생산과 무선통신을 이용한 네트워크의 확대, 철도를 통한 원자재의 원활한 운송 등으로 공급이 수요를 초과할 정도로 발전하게 된 거야.

◆━ 한 사람의 파산이 불황의 씨앗이 되다 ━◆

하지만 너무 빠른 경제적 혁명은 부작용을 일으켰어. 그 징조는 북부의 전쟁채권을 팔아 거부가 된 제이 쿡Jay Cooke의 파산이었지. 그 과정을 살펴보면 1873년 장기불황의 원인과 연관이 있어. 남북전쟁이 끝나고 막대한 부를 쌓은 제이 쿡은 1869년 9월에 일어난 금 투기 사건으로 큰 손실을 보게 돼. 그래서 금융에서 완전히 손을 떼고 철도 산업에 투자하기로 결정했어. 제이 쿡의 명성에 의지해 철도 회사는 채권을 판매하기 시작했지만 대외적 여건이 발목을 잡았어. 1871년 10월에 시카고 대화재가 발생하면서 많은 자금이 도시 재건 사업에 투자됐거든.

아울러 제이 쿡이 집중적으로 투자한 노던퍼시픽 철도 회사는 '돈 먹는 하마'로 여겨질 정도로 많은 자금이 필요했어. 공사 중에 철교가 무너지고, 홍수에 철로가 휩쓸려 가는 사태가 속출하면서 더욱더 많은 자금이 투입됐지. 이는 투자자들이 투자를 망설이게 한 원인이 되기도 했어.

가장 결정적인 건 유럽에서 투자 열기가 사라진 거야. 1873년 독일과 오스트리아에서 발생한 금융공황의 여파로 삽시간에 유럽의 투자 자금이 줄어들었거든. 철도 산업의 특성상 꾸준한 자금이 장기적으로 공급돼야 하는데, 투자가 멈추면서 시중에 돈의 공급

시카고 대화재를 그린 그림

이 줄어들었고 여기저기 돈을 빌리려는 회사가 늘어나면서 순식간에 이자율이 폭등했어. 결국 철도 건설에 투자 공급이 끊기면서 제이 쿡의 회사는 무너지고 말았지. 1873년 9월에 발생한 이 사건은 뉴욕의 월스트리트를 한순간의 공황에 빠트리고 엄청난 사회적 충격을 가져오게 돼.

　　제이 쿡과 같은 당대의 거부가 무너졌다는 소식에 놀란 유럽 투자자들은 바로 미국 내 투자 자본을 현금화하기 시작했어. 그의 파산 소식을 믿지 못했던 사람들도 신문사 호외를 보고 두려운 마음에 은행으로 몰려가 예금을 찾기 시작했지. 예금 대량 인출이 시작된 거야. 은행이 휘청이자 뉴욕 증권거래소도 덩달아 술렁거렸어. 9월 20일부터 열흘간 휴장에 들어갈 정도였다고 해. 이때 발생한 일이 1873년 장기불황Long Depression 또는 대불황이라 불리는 사건이야. 장기불황이라 이름 붙은 이유는 불황의 영향이 20여 년간 지속됐기 때문이지. 중간에 '1884년 공황'이 추가로 일어날 정도로 힘든 시기였어.

전국이 불황에 빠져서 자금을 구하기가 어려워지자 철도 회사들은 살아남기 위해 노동자들을 해고하기 시작했어. 하루아침에 회사에서 쫓겨난 이들이 거리를 메우기 시작했지. 당시 뉴욕의 실업률이 자그마치 25%였다는 기록도 남아 있어. 불황의 여파로 1873년에 문을 닫은 철도 회사가 89개였고, 다음 해에는 총 108개의 회사가 파산했어. 당시 주식시장에서 철도 회사의 자본 총액 비중이 80% 정도여서, 망한 회사의 거래 정지로 인해 주가 폭락이 뒤를 이은 것은 당연한 순서였지. 돈이 많았던 부자들은 물론 유럽 투자자들도 미국의 주식시장을 거들떠보지도 않았어. 사실상 철도 회사의 대량 파산이 월스트리트를 황폐화한 거야. 일반 기업들도 1875년까지 약 1만 8000개가 문을 닫았어. 실업자가 넘쳐나면서 거리에는 낮은 임금의 일이라도 구하려는 사람들로 가득 찼지.

실직자들은 돈이 없었기에 가격이 폭락한 물건에도 관심이 없었어. 그렇게 시장에는 팔리지 않는 상품이 쌓여만 갔지. 경제는 더 깊은 수렁에 빠져들었어. 이러한 공황은 단순히 미국뿐 아니라 유럽에도 유사하게 나타났어. 오스트리아 빈을 시작으로 유럽 대륙 전체에 먹구름이 퍼지게 됐지.

    장기불황의 영향이 오랫동안 이어진 이유는 기술개발에 따른 농산물의 공급 과잉과 비용 절감(철도에 의한 수송비 감소 등)에 따른 가격 하락이 계속 이어졌기 때문이야. 사실상 상품을 사려는 사람이 없어서 낮은 가격이 유지된 상태에서 물류 혁신 등으로 추가적인 가격 하락이 뒤를 이으며 저물가 현상이 발생한 것이지. 기업은 이익을 거둘 수 없자 노동자를 해고하게 되고, 그렇게 소비자를 잃게 되는 악순환이 반복된 거야. 결국 누군가 대량으로 생산된 물건을 소화해 줘야만 경제가 살아날 수 있는 구조가 된 셈이지. 이 장기불황으로 인해 영국은 경제 성장의 모델을 제조업에서 금융업으로 서서히 바꾸게 됐어. 아울러 자국의 물건을 소화해 줄 시장을 내부가 아닌 외부에서 찾기 시작했지. 이때부터 각 국가가 식민지를 확보하기 위해 열을 올렸고, 이 현상은 세계가 제국주의의 길을 걷게 되는 하나의 요인이 됐어.

24

3대 금융 사건

저축대부조합 사태, 롱텀캐피털매니지먼트 사태, 닷컴버블

금융위기의 발생 원인은 크게 두 가지로 나뉘어. 돈이 모자란 유동성 부족과 돈을 지급할 수 없는 지급불능(파산)으로 구분되지. 유동성 부족은 말 그대로 채무를 갚을 기본적인 능력은 갖추고 있으나, 지금 수중에 돈이 없어 일시적인 어려움에 부딪친 상황을 말해. 모라토리엄(지급 유예)으로 채무 상환이 유예된 것이라고 할 수 있지. 다른 하나인 지급불능(파산)은 갚아야 할 채무의 이자는 물론이고 원금도 지급하기 어려운 상태를 뜻하는데, 한 마디로 디폴트^{Default} 상태라고 볼 수 있어. 이 두 가지는 유사한 것처럼 느껴지나 성격 자체는 완전히 달라.

유동성 부족은 금융기관이 가지고 있는 자산이 부채를 넘어서고 있으므로 일시적 어려움만 극복하면 회생이 가능한 상태야. 해당 국가의 중앙은행이 긴급 자금을 금융권에 지원하여 당장 불을 끌 수 있다면 단기적으로 빌린 차입금의 상환이 가능하고, 나아가 장기적으로는 자산의 가치가 더 커질 수도 있어. 반대로 지급불능은 갚아야 할 부채가 가지고 있는 자산을 아예 초과해 버린 상태로, 단지 긴급 자금을 지원한다고 해서 위기를 넘길 수 있는 상황이 아니지. 일시적인 자금만으로 무너지는 둑을 막을 수 없는 상태야. 이러한 지급불능의 경우 근본적인 문제를 파악해야 상황 해결이 가능해.

그러므로 금융위기가 발생하면 원인이 무엇인지를 찾는 것이 급선무야. 발생 원인에 따라 중앙은행이 개입해야 할지(유동성 부족의 경우), 다른 근본적인 문제 해결을 위해 정부가 개입해야 할지(지급불능의 경우) 방향이 정해지기 때문이지. 하지만 이러한 문제의 원인을 구분하기는 결코 쉽지 않아. 금융위기 사태가 터지면, 원인을 찾는 데 시간이 많이 소요되기 때문에 바로 급한 불을 끄기가 쉽지 않지. 그래서 신속한 의사결정은 중앙은행과 정부의 자의적 판단에 기댈 수밖에 없는 것이 현실이야.

유동성 부족의 대표적인 사건으로는 연방준비제도가 중간에 개입하여 문제를 해결한 롱텀캐피털매니지먼트 사태가 있어. 반대로 지급불능 사태의 대표적인 사건은 1980년대 후반에 발생한 주택대부조합 사태가 있지. 주택대부조합 파산 사건은 연방정부가 직접 개입하여 해결했어. 그리고 닷컴버블은 과도한 주식의 거품이 꺼지면서 발생한 주가 폭락 사건이었어.

⟶ 잘못된 믿음이 재앙을 부른 저축대부조합 사태 ⟶

3대 금융 사건 중 하나인 저축대부조합 사태부터 알아보도록 하자. 루스벨트 대통령의 뉴딜 정책에는 부동산 관련 정책도 있었어. 부담 없이 내 집을 마련하여 재산을 증식하고 안정적인 가정환경을 구축하는 것이 목적이었지. 이 역할을 담당하기 위해 생겨난 것이 연방주택사업국FHA이었어.

　　이 기관에서 주택담보대출(모기지mortgage)을 판매하는 저축대부조합 등에 연방정부가 발행한 주택보증보험을 제공했어. 그리고 집을 구매한 사람에게 낮은 이자율로 대출 기간 20년(기존에는 3~5년)간 분할 상환하는 방식으로 대출금을 받았어. 이 제도의 도입으로 장기간에 걸쳐 집값을 할부로 납부하는 사람이 늘어나면서 주택 소유도 점차 늘어났어. 아울러 페니 메이Fannie Mae(연방모기지협회)를 만들어 이곳에서 채권을 발행했고, 그 자금으로 저축대부조

연방주택사업국 로고

합이 발행한 채권을 매입하여 주택담보대출 시장을 활성화했지. 이
후 1970년도에 사업 효율성을 높이고 주택담보대출 시장을 활성
화하고자 프레디 맥Freddie Mac(연방주택담보대출공사)을 만들었어. 프
레디 맥을 통해 더 낮은 금리로 주택담보대출 시장을 키울 수 있었
지. 이에 따라 주택을 소유한 사람들이 더욱더 늘어나는 효과가 일
어났어. 경제 성장과 맞물려 부동산 가격은 점차 상승했고, 사람들
이 경제적 안정감을 가지며 점차 소비 중심의 사회적 분위기가 형
성됐어. 이러한 사업 구조하에서 주택담보대출에 관해 주요한 역할
을 맡은 금융기관이 바로 저축대부조합S&L이었어. 우리나라의 상호
저축은행과 비슷한 성격을 띤 기관이지.

　　이곳의 업무는 굉장히 안정적이고 편안했어. 이른바 '3-6-
3' 사업이라고도 불렸는데, 3%의 예금 이자를 지급하고 6% 이율의

대출을 제공한 뒤 오후 3시에 경영진이 골프를 치러 나갔다는 뜻이야. 직원들의 야근도 극도로 자제시켰는데, 고객들이 저녁 늦게 건물 창문의 불빛을 보고 '은행에 무슨 일이 생겼나?' 하는 오해를 할 수 있다는 게 그 이유였어. 꾸준히 오르는 부동산 가격과 안정적인 연방정부의 금리 정책으로 저축대부조합의 사업은 큰 문제 없이 진행됐지.

하지만 1970년대 초가 되자 상황이 완전히 바뀌었어. 연준 의장인 폴 볼커의 금리 인상 정책으로 한순간에 이자율이 20% 이상 상승하게 되자, 고객에게 지급해야 할 예금 이자율이 폭등해 버린 거야. 반대로 주택담보대출은 고정 이자율로 묶여 있어 이자 수입이 상대적으로 낮아지게 됐지. 바로 예대 차익(대출로 들어온 수입에서 예금 이자 지급으로 나간 지출을 뺀 차액)이 적자로 돌아서 버린 거야. 이 상태라면 저축대부조합은 얼마 버티지 못하고 당장 파산해야 할 상황이었지. 저축대부조합의 부실이 점차 커지고 이를 해결할 방법은 전혀 보이지 않는 상태가 지속되자 연방정부가 팔을 걷고 나섰어.

당시 레이건 정부는 시장의 규정에 따라 저축대부조합의 운명을 결정해야 했지만, 되레 정반대의 정책을 펼치게 돼. 1980년대 초반부터 부실의 징조를 보여 온 저축대부조합을 시장에서 퇴출하는 대신 관용 정책을 시행한 거야. 즉 이 금융기관이 단기간에 쌓인 부실을 털고 곧바로 일어날 것이라는 믿음과 함께 그동안 묶어뒀던 규제를 한꺼번에 철폐해 버린 거지. 아울러 예금보험 한도 금액을 기존 4만 달러에서 10만 달러로 증액했어. 이 결과 그동안 예금만 받아 소극적으로 운영하던 저축대부조합은 공격적인 투자에 나서게 돼. 규제가 없어진 이상 거칠 것이 없었던 거지. 오직 돈을 벌어야 한다는 경영진의 목적 때문에 부정적인 거래가 이어진 것은 물론 조합 내부의 도덕적 해이가 발생했고, 고위험 자산 투자까지 손을 댄 거야.

여기서 등장한 사람이 '정크본드Junk Bond(하이일드 채권, 신용등급이 낮은 회사가 발행하는 고수익·고위험 채권, 열등 채권이라고도 부름)의 제왕'인 마이클 밀켄Michael Milken이야. 저축대부조합은 당시 대유행하던 밀켄의 정크본드를 대량 매입하는 방식으로 투자를 진행했는데, 이 방식이 결국 부실화를 키우게 돼. 1980년대 부동산 가격이 크게 하락하면서 장부상에 존재했던 이익이 현실적인 손실로 되돌아왔고 부실의 규모가 어마어마하게 커진 것이지. 부실이 본격으로 터지기 시작한 것은 조지 부시 대통령 취임 직후였던 1989년 초였어. 레이건 대통령 시절에 자라난 부실을 후임인 부시 대통령이 해결하게 된 것이지.

수많은 저축대부조합이 파산했고 그 영향으로 저축대부조합의 예금 보호 기관이었던 연방저축대부보험공사FSLIC도 파산의 위기에 몰렸어. 부시 행정부는 이 문제를 해결하기 위해 정리신탁공사RTC를 설립하고 이를 실행해 나갔어. 최종적으로 모든 문제가 해결된 시점은 1995년도야. 문제를 해결하는 데 약 5000억 달러가 사용됐지. 1986년부터 1995년까지 3300개의 저축대부조합 중에서 1050여 개가 문을 닫았어. 이 사건을 계기로 '1989년 금융기관 개혁 및 회복을 위한 집행법FIRREA'이 제정되어 예금 금융권에 대한 연방 정부의 감독 권한이 강화됐지.

한순간의 정책적 판단으로 금융기관의 도덕적 해이가 발생하면서 장기간에 걸친 비용 투입으로 겨우 마무리된 사건이야. 결국 호미로 막을 일을 가래로 막은 격이었어. 참고로 이 사건을 해결하기 위해 1989년 미국 GDP의 약 7%에 해당하는 금액이 투입되어 재정적자가 악화하는 원인이 됐어.

✦— 상위 0.01% 천재들이 일으킨 —✦
최악의 롱텀캐피털매니지먼트 사태

1994년에 존 메리웨더John Meriwether가 설립한 헤지펀드인 롱텀캐피털매니지먼트LTCM가 사업을 시작했어. 헤지펀드는 소수의 투자자로부터 자금을 모집해서 유가증권, 파생상품 등에 투자하여 최소의 손실로 최대의 이익을 내는 것을 추구하는 사모펀드의 일종이야. 존 메리웨더는 채권 시장에서 두각을 나타낸 사람이었는데, 불미스러운 사건 때문에 다니던 회사를 나온 뒤 자신의 인맥을 활용해 투자자를 모집하여 회사를 설립했지. 이 헤지펀드는 '최고의 두뇌집단 결합(트레이더와 파트너가 MIT, 하버드대학교, 런던대학교 등 유명 대학의 석박사 출신의 학자들로 구성됨)'이라 불리며 설립 이후 3년 동안 엄청난 이익을 거두었지. 승승장구한 원인은 펀드 운용 방식의 차별화였어. 수학 공식(블랙-숄스 공식)을 채권 투자 방식에 적용해 만기가 각기 다른 채권들의 금리 차이를 예측하는 방식으로 수익을 거둔 거야. 여담이지만 이 회사에서 두 명의 노벨 경제학상 수상자를 배출하기도 했어.

롱텀캐피털매니지먼트는 초기 자산 12억 5000만 달러로 시작했지만 1997년 동아시아 외환위기 때 상상 이상의 고수익을 내면서 25억 달러까지 자산을 불리게 됐어. 그 후에도 연평균 28~59%의 고수익을 올렸지. 언론에 대서특필되며 돈을 맡기고 싶어 하는 투자자들의 돈이 물밀듯이 몰려들었고, 자신감을 가진 이들은 이른바 레버리지leverage(외부 자금 투입)를 이용하여 투자 규모를 더욱더 키워나갔어. 수익률을 더 높이기 위해 투자한 채권을 담보로 외부 자금을 차입하여 다시 재투자한 것이지. 그렇게 전체적인 투자 규모를 확대해 간 거야.

호시탐탐 한 방 크게 터트릴 기회를 찾던 롱텀캐피털매니지먼트는 드디어 좋은 기회를 포착했어. 1997년 러시아와 미국의 국채 금리 차이를 발견하고, 대규모의 공격적인 투자를 감행한 것이지. 이들은 미국 국채의 가격이 하락할 것으로 생각해 대규모 공매도를 진행했고, 러시아 국채는 오를 것으로 판단해 대부분의 투자금을 그쪽에 쏟아부었어. 하지만 1998년 러시아의 모라토리엄 선언으로 엄청난 양의 러시아 국채가 모두 휴지 조각이 되고 말아. 이와 반대로 미국 국채는 가격이 올라가면서 공매도의 상환금액이 폭등해 버렸지. 회사는 일순간 위기에 몰렸어. 상환해야 할 금액이 천문학적으로 올라가 버렸거든. 게다가 레버리지(차입) 규모가 투자금 50억 달러 대비 1200억 달러에 달해 차입 비율이 무려 20배를 넘을 정도로 증가한 상태였어. 더불어 파생상품 시장에도 손을 대 이미 많은 자금이 투자되어 있었고. 1998년 9월을 기준으로 롱텀캐피털매니지먼트가 전 세계 은행들과 거래하던 파생상품 규모는 1조 2500억 달러 이상이었어. 결국 러시아가 뒤로 자빠지면서 채권 투자는 물론 파생상품 투자의 모든 것이 함께 무너져 내린 거야. 문제는 단순히 이 회사의 파산만이 아니었어.

마진 콜margin call(금융 회사가 투자 원금 손실이 우려되는 시점에 투자자에게 추가 담보 자금을 요청하는 행위)에 의해 롱텀캐피털매니지먼트가 보유하고 있던 채권이 한꺼번에 매물로 쏟아질 경우 금융

공황이 발생할 건 불 보듯 뻔한 상황이었지. 누군가는 이 뒷수습을 해야만 했고, 결국 뉴욕 연방준비은행이 총대를 메고 나서 롱텀캐피털매니지먼트를 구제하기로 했어.

하지만 롱텀캐피털매니지먼트는 은행이 아닌 헤지펀드였기 때문에 뉴욕 연방준비은행이 직접 유동성을 공급할 수 없었어. 그래서 금융권의 수장들이 모두 모여 공동으로 구제자금을 마련하여 지원하게 돼. 그 규모는 약 36억 5000만 달러였고, 롱텀캐피털매니지먼트의 지분 90%를 담보로 잡았지. 여기에 연준은 기준금리를 7주간 세 차례에 걸쳐 인하하여 금융권이 원활하게 인수할 수 있도록 지원 사격을 해줬어. 투자자들은 일부 투자금을 보전받을 수 있었고 롱텀캐피털매니지먼트는 2000년에 최종 청산하게 돼. 이후 세계 각국은 롱텀캐피털매니지먼트 위기로 자국 금융사의 위험관리를 재점검하고 헤지펀드에 대한 규제를 강화하기 시작해.

이 사태를 통해 금융권이 깨우친 교훈이 하나 있는데, 바로 레버리지 투자의 위험성이야. 투자를 잘해서 막대한 이익이 발생해도, 시장의 흐름을 파악하고 자신감이 넘쳐도, 단 한 번의 투자가 투기(과도한 레버리지)로 변모하는 순간 바로 파멸로 이어질 수 있다는 깨달음을 얻게 된 거지.

1993년 제42대 대통령으로 빌 클린턴이 취임했어. 그가 대통령이 된 이후 미국 사회는 기존에 없던 새로운 시대의 도약을 알리고 있었지. 바로 인터넷의 시작이었어. 1994년 인터넷의 본격적인 시대를 알리는 웹 브라우저 '넷스케이프'가 등장했는데, 언론에 공개되자마자 바로 90%의 시장점유율을 차지할 정도로 폭발적인 인기를 얻었지. 그러나 다음 해 마이크로소프트가 인터넷 익스플로러를 개발했고, 윈도우 운영체제를 설치하는 사람에게 인터넷 익스플로러를 무료로 배포하면서 순식간에 넷스케이프의 점유율은 하락했어. 이 둘의 경쟁 관계를 통해 인터넷에 대한 사람들의 관심과 사용량은 폭발적으로 증가하게 됐고, IT 혁명이라 불릴 정도로 월드 와이드 웹의 시대가 활짝 열리게 됐지. 이는 새로운 산업의 시작과 함

웹 브라우저 넷스케이프 로고

께 기존에 없던 새로운 투자처가 생겨난 것을 의미했어.

넷스케이프의 경우 나스닥NASDAQ(벤처기업들이 상장해 거래되는 주식시장)에 성공적으로 상장하면서 인터넷 관련 기업에 대한 낙관적인 전망이 주를 이루게 됐지. 경제 호황에 따른 시장의 유동성도 풍부해져 대기하고 있는 투자 자금도 많은 편이었고, 여기에 연방정부도 1996년에 개정한 통신법을 통해 성장의 발판을 마련해 주었지. 이 법의 개정 목표는 모든 사람이 어떤 통신사업에도 참여할 수 있게 하는 것으로, 통신 업계에서 누구나 자유롭게 경쟁할 수 있도록 여건을 만들어주었어.

통신업체들은 이때를 놓치지 않고 앞다투어 조직 규모를 대형화했고, 기존 통신망을 개선하여 사업 인프라를 확대하는 데 주력했지. IT 관련 정보기술 사업에 너도나도 뛰어들게 된 것이야. 특히 젊은 창업자들과 이들의 창업을 도와주는 벤처캐피털 회사들이 서로 연결되면서 그 수가 폭발적으로 늘어났어. 풍부한 투자금과 성공 이야기가 하나둘 만들어지면서 그 열기는 활활 타올랐지. 특히 캘리포니아주 샌프란시스코만 남부 일대의 실리콘밸리Silicon Valley는 성공 신화의 주역이었어. 이때 등장한 새로운 사업모델의 회사를 일명 닷컴기업이라고 불렀어.

닷컴기업은 투자자들이 인터넷 도메인의 마지막 글자인 '.com'을 사용하는 회사의 투자 가치를 더 높게 인식한다는 의미에서 생긴 단어야. 벤처캐피털이 투자를 결정할 때도 회사명에 이 글자가 있냐 없냐에 따라 그 규모가 달라졌을 정도였어. 이런 투자 과열 분위기는 1995년부터 시작되어 2000년 3월에 최고점까지 오르는데, 그사이 닷컴기업이 대거 포진한 나스닥 지수는 약 400% 수치로 수직 상승했어.

초창기 닷컴 회사들은 시장점유율을 올리는 걸 가장 중요한 경영 목표로 생각했고, 이를 위해 광고 및 판촉 활동에 막대한 비용을 쏟아부었어. 제품과 서비스를 무료로 제공하며 브랜드 인지도를 높이는 데 혈안이 됐지. 아울러 투자자들도 초기 수익보다는 기술 투자에 더 집중할 것을 요구했어. 남들에게 없는 새로운 기술이 더 성장성이 높다는 믿음이 있었기 때문이야. 하지만 차별화된 기술과 서비스를 통해 미래의 수익성을 보장하기엔 너무도 많은 자금이 필요했어. 기대 이상의 이익은 발생하지 않았지.

이러한 불안한 상황에서 2000년 3월 나스닥 지수가 갑자기 하락하기 시작해. 초기 하락의 강도는 크지 않았어. 사람들은 당연히 급격한 성장에 따른 조정기라고 여겼고, 곧 지나갈 일시적인 현상이라고 생각했지. 하지만 다음 달인 4월에 무려 7.5%대의 폭락이 발생하자, 언론들은 경쟁하듯 닷컴기업의 부실한 수익성과 잠재력의 한계에 관해 기사를 쏟아내기 시작했어. 그러자 불안감을 느낀 투자자들의 투매가 이어지면서 그 하락 폭은 점점 더 커져만 갔어.

이 폭락세는 2002년 10월까지 이어지고 최고점 대비 약 78%가 하락하여 그동안 쌓인 모든 투자 수익은 다 허공으로 사라져 버렸지. 이 사건을 닷컴버블dot-com bubble이라고 불러. 이 닷컴버블로 수많은 벤처기업과 투자사들이 파산하게 돼. 급격한 자금이탈로 수익성이 나빴던 회사들이 모두 문을 닫았고, 이 회사에 투자했던 이들도 엄청난 손실을 봤거든. 후유증이 심각했지. 닷컴버블은 초기 인터넷 시대에 너무도 많은 서비스와 기술을 접목하고 융합하려는 과정에서 생긴 과도기적 사건으로 판명됐어. 뚜렷한 수익 모델이 없는 상태에서 가치가 너무 높게 평가되어 사실상 거품이 잔뜩 꼈다가 한순간에 터지고 만 것이지. 다만 이 시기에 살아남은 IT 회사 중 일부(아마존닷컴 등)는 나중에 글로벌 대기업으로 성장하고 나스닥 주가지수를 연일 갱신하면서 세계를 호령하는 모습을 보여주고 있어. 결국 기술 발전과 함께 수익이 이를 뒷받침해 주어야만 기업은 생존할 수 있다는 평범한 교훈을 다시 한번 깨닫게 해준 거지.

25

분식회계

엔론과 월드컴이 벌인
가공할 범죄

우리가 살아가는 데 필요한 모든 생산과 소비를 경제 활동이라고 하지. 이는 돈의 움직임과 깊게 연관돼 있어. 우리가 직장에서 일하고, 급여를 받고, 그 돈을 이용해 다양한 소비 활동을 하는 것, 그 돈으로 기업이 다시 생산 활동을 하고, 직원들에게 급여를 지급하는 것. 이 모든 일련의 경제 활동을 숫자로 표현한 것이 바로 회계야.

가정에서 이루어진 돈의 계산을 기록한 책을 가계부라고 부르는 것처럼, 회사에서 발생하는 돈의 계산을 기록하는 행위를 회계라고 이해하면 돼. 그래서 회계를 '회사의 언어'라고도 부르지. 그렇기에 회계 장부를 기록하고 정리하는 것은 매우 중요한 일이며,

일정한 기준과 원칙에 맞게 진행해야 해. 그래야 누구나 그 안에 기재된 숫자의 공신력을 확인하고 믿을 수 있어. 더구나 어느 회사의 주식을 가진 주주나 투자자, 혹은 그 회사에 돈을 빌려준 은행이나 받을 돈을 가진 채권자라면 더더욱 숫자를 중요히 살필 수밖에 없어. 그래서 법에 따라 각 회사는 매년 일정 기간마다 장부를 공개하여 투명하게 실적을 발표하는 것이 제도화돼 있어.

그런데 만약 특정 회사의 경영진이 이 과정에서 실수를 저지르거나, 아니면 일부러 숫자를 왜곡하고 실적을 부풀려 이익을 조작하면 어떻게 될까? 이 행위를 분식회계라고 하는데, 분식회계를 저지른 회사는 믿을 수 없는 기업으로 낙인찍히게 될 거야. 분식회계 때문에 손해를 입은 투자자나 채권자로부터 외면받게 될 거고 아마 망하게 되겠지. 물론 법적 조치도 받아야 할 거야. 이처럼 회계의 공정성은 한 회사의 흥망을 구분하는 중요한 잣대가 돼.

미국에서 발생한 분식회계 사건 중에는 엔론과 월드컴 사태가 있어. 지금까지도 사람들의 입에 자주 오르내리는 유명한 사건이지. 이 사태가 미국의 회계 기준을 바꾼 계기가 됐거든. 우리나라 또한 이에 발맞춰 엄격한 회계 기준을 도입했고, 이를 지금까지도 적용하고 있어. 그럼 두 사태의 전개를 한번 확인해 보자.

✦→ 계속된 거짓말의 결과, 엔론 사태 ←✦

2001년 9·11테러가 발생한 지 한 달 뒤인 10월에 대표적 에너지 기업인 엔론Enron사가 3분기 실적을 발표했어. 그 내용을 보고 참석자 모두가 얼어붙었지. 6억 2000만 달러 규모의 적자가 발생했다는 사실이 공시된 거야. 추가로 2억 달러의 감자(자본감소) 계획도 알려졌는데, 이를 본 투자자의 충격은 엄청났어. 주당 80달러였던 주가가 바로 30달러로 하락했지. 미국 증권거래위원회가 적자의 원인을 파악하기 위해 조사에 착수했고 다음 달인 11월에 13억 달러(약 1조 4300억 원)의 분식회계 사실을 발표했어. 회사의 재정 상태가 부실한데도 경영진이 계획적으로 이를 숨겨왔음이 밝혀진 거지. 수십억 달러의 부채를 숨기고 이익을 부풀려 왔던 거야. 결국 두 달 뒤인 12월에 엔론은 뉴욕 남부 지역 법원에 파산보호 요청을 하게 돼.

당시 엔론의 투자자들이 받은 충격은 상상을 초월했어. 이 회사는 1996~2001년까지 6년 연속 미국 경제 잡지《포천Fortune》에서 '가장 혁신적인 기업'으로 선정됐고 '향후 10년간 성장 가능성이 높은 10개 기업 중 하나'로 알려진 회사였거든. 2000년 매출액은 1008억 달러(약 131조 원)가 넘었고 시가 총액은 800억 달러에 달했지. 종업원 수만 약 2만 9000명이었어. 이러한 세계적 기업의 대규모 매출과 이익이 분식회계를 통해 조작됐다는 사실이 밝혀졌으니 당연히 충격이 컸지.

이런 사건을 일으킨 엔론은 어떤 회사였을까? 당시 미국 기업 순위 7위에 오를 정도로 명망 높았던 엔론은 1985년에 탄생했어. 미국 텍사스주 휴스턴의 내추럴 가스사와 네브래스카주의 천연가스 회사인 인터노스사가 합병하며 설립됐지. 사업의 방향을 가스 운송업에서 에너지 거래 쪽으로 전환했고 적극적인 인수합병과 영역 확장을 통해 합병 15년 만에 세계 최대 에너지 기업으로 성장했어.

전성기 시절 엔론 본사 건물

회사가 주력했던 사업 방식은 에너지 중개 거래를 통한 수수료 창출이었는데, 에너지 관련 상품을 사고파는 과정에 생긴 차액과 파생상품 투자를 통한 이익으로 규모를 키웠지. 천연가스와 전력은 물론, 석탄, 광섬유, 철강, 수력 등 에너지 자원 대부분을 금융 파생상품화했어. 그러나 파생상품 거래에서 발생한 손실은 철저히 감췄어. 이익만 부풀려 매년 실적으로 발표했던 거야. 또 '라운드트립 트레이딩round-trip trading'이라 불리는 방식을 적용하여 담합 거래를 통한 매출과 이익도 장부에 반영했지. 이는 연관된 회사끼리 서로 사전에 합의한 거래 내용을 주고받고 이를 각 회사의 매출로 인식하는 방식이야. 사실상 허위매출이라 할 수 있는데, 이를 이용해 주가를 올린 거지.

이러한 분식회계를 주도한 사람은 엔론사의 회장인 케네스 레이Kenneth Lay와 CEO인 제프리 스킬링Jeffrey Skilling이었어. 회계감사를 맡고 있던 회계법인 아서 앤더슨Arthur Andersen은 컨설팅을 제공한다는 명목하에 이 사실을 알면서도 눈감아 줬지. 후에 아서 앤더슨은 엔론과 관련된 수천 건의 문서를 파기하고 회계감사에서 사용한 이메일, 연관된 파일을 삭제한 혐의로 기소되어 법원의 유죄 판결을 받았어. 결국 유서 깊은 이 회계법인은 역사 속으로 사라져 버렸지.

엔론의 회사 경영진은 부실자산을 우량한 자산으로 탈바꿈시켰고 관계회사로 특수목적법인을 설립한 후 경영상의 부실 내용을 모두 떠넘겼어. 그리고 이러한 사실을 재무제표에 표기하지 않았지. 공시된 회계 지표들과 달리 회사의 실질적인 이익과 현금 보유량은 급격히 줄어들기 시작했고 사업을 연장하기 위한 차입금 규모는 나날이 커져만 갔어. 마침내 대출 한도가 초과하여 결국 경영진은 회계 조작으로 나온 실적을 다시 부풀리며 이를 이용해 주가 띄우기에 나섰어. 상승한 주가를 이용하여 사채를 발행해 자금을 조달하기 시작한 거야. 이를 유지하기 위한 공격적인 사업도 추진했어. 이런 상황에서 파생상품의 손실은 점점 더 커져만 갔고 무리한 분식회계가 불러온 상황을 더 이상 막을 수 없는 지경에 이르자 모든 사실이 폭로되면서 한 번에 쓰러진 것이지.

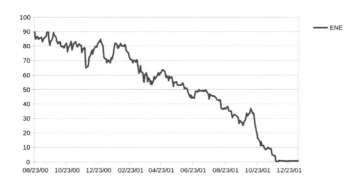

엔론사 주가 추이(2000년 8월~2001년 12월)

회사의 분식회계를 처음 제시한 사람은《포천》의 기자 베서니 맥린Bethany McLean이었어. 맥린은 회계 장부의 조작 가능성에 의문을 품고 자료 조사를 거친 뒤 이 문제를 공식화했지. 엔론의 전방위적인 압박에도 불구하고《포천》은 이를 기사화했어. 처음에 이 기사는 그리 주목을 받지 못했어. 엔론사가 워낙 유명하고 잘 나가는 회사인 데다, 월스트리트의 투자자들도 엔론사에 깊은 신뢰를 보이고 있었거든. 하지만《포천》이 발견한 분식회계는 모두 사실로 판명됐어. 특히 경영진이 오랫동안 조직적인 거짓말을 해왔다는 사실 자체가 엄청난 충격을 줬지. 결국 회사는 파산 이후 역사 속으로 사라졌고, 엔론에 투자한 투자자들과 주식 연동 퇴직연금에 가입한 직원들은 재산과 미래를 모두 허공에 날리게 됐어.

법원은 분식회계를 진행한 케네스 레이 회장과 제프리 스킬링 CEO에게 각각 징역형을 선고했어. 엔론사가 정치권까지 로비를 진행했었다는 보고서가 공개되면서 엔론 스캔들이란 타이틀로 정치계의 쟁점이 되기도 했어. 엔론사의 파산 소식을 듣고 사람들은 바로 예금을 인출했고, 현금이 부족했던 금융사들의 파산이 이어졌어. 하지만 이것이 끝이 아니야. 이 뒤를 이어 다시 한번 분식회계 사건이 세상을 흔들었거든.

투자자들을 깊은 불신에 빠트린 월드컴 사태

월드컴MCI WorldCom은 1983년 창립돼 미국 전역에 유선통신 서비스를 제공한 대기업이었어. 1985년 버나드 에버스Bernard Ebbers가 회사 CEO로 취임하면서 공격적인 방식으로 사업을 키우기 시작했지.

적극적인 인수 합병을 통해 회사의 덩치를 키워나가 2000년까지 총 60여 개의 회사를 인수했어. 이 영향으로 회사의 연간 매출은 100억 달러(약 11조 원)에서 400억 달러(약 44조 원)로 단숨에 네 배 이상 증가했지.

하지만 지속적인 인수합병에 따른 현금 지출은 상상을 초월했어. 한 예로 MCI 커뮤니케이션스를 인수하면서 지출한 금액은  약 370억 달러(약 40조 원)였지. 월드컴의 자금 사정은 점점 악화됐어. 회사의 현금 보유량은 계속 줄어들었고, 회사채 발행과 금융권 대출로 근근이 연명해 나갔지. 이를 감추기 위한 분식회계는 일상적이고 조직적으로 진행됐어. 그러던 중 내부 직원의 폭로로 분식회계가 세상에 알려지게 됐어.

버나드 에버스

2002년 증권거래위원회의 조사를 받아 38억 달러(약 4조 2000억 원)의 분식회계가 발견됐고, 결국 회사는 그해 7월에 파산신청을 했지. 2003년 12월 미국 의회 특별조사위원회는 월드컴의 실제 분식회계 규모가 110억 달러(약 12조 1000억 원) 규모였다고 밝히며 전직 CEO였던 버나드 에버스가 퇴임 전 4억 달러(약 4400억 원)를 횡령했다는 사실도 발표했지. 엔론사에 이어 월드컴의 분식회계 사건이 터지자 전 세계 사람들은 큰 충격에 빠졌고 미국의 회계 기준에 대한 신뢰도 역시 밑바닥으로 떨어졌어.

투자자들은 극도의 불신에 빠졌고, 이를 방치했던 월스트리트에도 비난의 화살을 돌렸어. 월스트리트의 큰손들도 막대한 손실을 본 건 마찬가지였지. 그래서 그들은 이 사태의 해결 방법을 찾기로 했어. 신용을 다시 회복하는 것이 가장 중요한 과제였지. 그 결과 사베인스-옥슬리법Sarbanes-Oxley Act이 탄생했어. 법안의 정식 명칭은 '상장회사의 회계 개선 및 투자자 보호법'이야.

법안을 발의한 폴 사베인스Paul Sarbanes 민주당 상원의원과 마이클 옥슬리Michael Oxley 공화당 하원의원의 이름을 딴 법이었어. 미국의 회계 개혁에 관한 연방 법률로, 미국 기업의 투명한 재무 회계와 감사 보고를 규정한 것이 주 내용이었지. 재무 정보 공시를 강화하고 투자자를 보호하기 위해 여러 가지 새로운 제도를 도입했는데, 강력한 회계제도의 개혁 의지를 기본 골자로 하고 있었어. 이

제 이 법안에 따라 회계 장부에 오류가 있으면 회사의 경영진이 처벌을 받아야 했지. 이 법은 미국뿐 아니라 우리나라를 비롯한 다른 나라의 회계제도 개혁에도 많은 영향을 끼쳤어.

이 두 건의 분식회계 사건으로 사람들은 투명한 경영과 올바른 회계 기준을 준수하는 것만이 회사의 발전을 지탱하는 길이라는 걸 알게 됐어. 투자자의 신뢰를 잃어버리면 회사의 주가가 폭락하고, 나아가 도산까지도 연결될 수 있다는 평범한 사실을 다시 한번 일깨워 준 것이지.

26

2008 금융위기

◆————————◆

진짜 위기는 '잘 알고 있다'는
착각에서 시작된다

2004년 5월에 연방준비제도 이사회 의장으로 앨런 그린스펀Alan
Greenspan이 연임됐어. 그는 취임 후 의장직을 다섯 번이나 연임하며
최장 기간 연방준비제도 의장을 수행하는 새로운 역사를 썼지.

그린스펀이 의장으로 있던 시기는 '대안정기'라는 명칭이 붙
을 만큼 연준이 안정적으로 운영되어 미국 경제 또한 원만하게 유
지되던 때였어. 다만 시장의 흐름에 모든 것을 맡겨둘 만큼 중앙은
행의 규제가 약해졌다는 의견이 나오기도 했어. 장기간 지속적인
자산 가격의 상승(부동산)으로 버블의 징조를 방치했다는 주장도
있었지. 하지만 그린스펀의 업적에 비하면 그리 큰 비판은 아니었

앨런 그린스펀

어. 아울러 대공황 시기에 도입된 금융규제법인 글래스-스티걸법이 그의 재임 기간인 1999년에 폐지되어, 월스트리트로부터 큰 환영과 칭송을 받았지. 이 법이 폐지되며 금융회사에 대한 연방정부의 제동장치가 사라진 것이나 다름없었거든. 이후 일 년 뒤인 2005년 11월에 그린스펀의 뒤를 이어 벤 버냉키Ben Bernanke 연준 이사가 제14대 연준 의장에 취임했어.

버냉키가 취임할 당시 미국의 증권시장에는 유동성이 흘러넘치고 있었지. 두 가지 요인 때문이었는데, 금리가 너무 낮아 시중의 유동자금이 투자처를 찾아 증시에 몰렸다는 것과 아시아 국가들의 경제 성장에 따른 저축률 증가로 수많은 예금이 안정적인 미국으로 유입됐다는 것이야. 사실 지속적으로 하락한 금리는 2003년 1월에 1%에 달할 정도였지. 이 영향으로 대출 금리도 덩달아 낮아지면서 돈을 빌리기가 쉬워졌고, 부동산으로 자금이 몰리면서 주택가격이 폭등하는 현상이 나타났어. 견제 장치가 풀린 은행은 신용등급이 낮은 서프프라임subprime 단계(세 가지 단계 중 가장 낮은

벤 버냉키

단계)의 대출도 적극적으로 시행했지.

　　이처럼 유동성이 높은 경우에는 연준이 금리를 상승시켜 통화량의 공급을 조정해야 했는데, 당시 연준은 일명 '베이비 스텝'이라 하여 기준금리를 0.25%포인트씩 조심스레 올리는 방식을 선택했어. 사전에 금리의 완만한 상승을 알림으로써 경제 정책에 미리 대응할 수 있도록 한 거야. 2004년부터 진행된 인상은 총 17차례에 걸쳐 진행되어 2006년에 5.25%까지 상승하게 돼. 연준은 이 지점에서 인상을 멈추는데, 이때 서서히 사회적 문제가 발생하기 시작해.

　　이자율이 오르자 부동산 가격의 오름세가 주춤하게 됐어. 이 현상 자체에는 문제가 없었지. 하지만 문제가 시작된 건 금리

인상으로 저신용자들의 연체율이 서서히 올라가면서부터였어. 장기 주택담보대출에 대한 수요가 계속 감소한 거야. 이러한 연쇄효과로 그동안 큰 이익을 봤던 주택담보대출회사와 은행들이 일순간 당황하게 돼. 사실 이들은 주택담보대출의 이자보다 이와 연관된 '주택저당증권MBS(주택담보대출회사가 대출자의 주택 저당권을 담보로 하여 발행한 채권)'을 팔아 수수료 이익을 챙겨왔었는데, 이 주택저당증권 상품의 판매가 줄어든 거야. 아울러 담보대출의 연체율이 서서히 올라가면서 채권의 원금 상환에도 위험성이 발생하기 시작했어.

이 주택저당증권을 여러 금융 상품과 조합하여 만들어낸 금융 파생 상품이 있었는데, 바로 '부채담보부증권CDO'이었어. 원래 부채담보부증권은 1차 금융 상품이 가진 위험성을 줄이기 위한 목적으로 탄생했는데, 위험도가 높은 기초 자산을 배경으로 만들어졌기 때문에 수익률이 높았지. 일명 '하이리스크 하이리턴(고위험 고수익)'이었어.

문제는 주택담보대출회사와 은행들이 대규모 자금을 가진 투자자에게 엄청나게 많은 양의 부채담보부증권을 팔기 시작하며, 주택담보채권의 시장 규모가 거대해진 점이 사건을 키웠던 거야. 특히 저신용자와 신용불량자들에게 제공했던 '서브프라임 모기지 대출'은 앞서 저축대부조합 사태 때 살펴본 프레디 맥과 페니 메이가 앞다투어 발행했어. 두 기관이 발행한 주택저당증권은 규모가 약 2500억 달러를 넘어섰고 이와 연관된 파생 상품까지 합치면 약 1조 달러(약 1200조 원)가 넘을 정도의 어마어마한 규모였어.

그런데 서브프라임 대출로 구성된 주택저당증권 채권 자체가 연체 위험성이 높은 상품임에도 신용평가 회사는 산출 등급으로 'AAA(최우량 등급)'를 부여하여 발행 규모를 더 키웠지. 도덕적 해이가 시장 상황에 불을 붙여버린 거야. 이렇게 예쁘게 포장된 상품은 증권사와 투자회사를 통해 팔려나갔고, 엄청나게 높은 수수

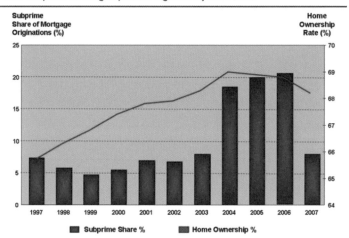

서브프라임 모기지 대출 건수(1997~2007년)

료 수입을 내서 모두가 만족했어. 하지만 주택가격의 거품이 내려앉고 대출 금리가 오르면서 서브프라임 모기지 대출의 빨간불이 켜졌지. 연체율이 상승하자 대출금 회수가 불가능해지면서 손실이 발생했던 거야. 결국 모기지 증권 전체에 대한 불신이 커지고 거래가 감소하면서 여러 금융회사의 부실이 자연스레 수면 위로 올라왔어.

본격적으로 2007년 2월부터 서브프라임 모기지 사태(주택담보대출 연체율 증가)가 세상에 영향을 미치기 시작했지. 이해 4월까지 약 50개가 넘는 담보대출 관련 은행이 파산을 선언했는데 이 중에 가장 큰 곳은 뉴센추리파이낸셜New Century Financial이었어. 이 회사는 서브프라임 전문업체로 1995년에 설립됐는데, 서브프라임 모기지 발행 규모가 HSBC은행에 이어 두 번째로 큰 은행이었어. 이 은행의 파산 이후 서브프라임 모기지와 연동된 채권의 가치가 급락하면서 유럽의 국제은행들이 바로 MBS(모기지저당증권) 채권에 대한 환매를 중단했어. 아울러 이 채권으로 구성된 펀드도 큰 손실을 보게 됐지. 이후 연관된 대형 금융사와 증권회사의 파산이 줄을 이었어. 점차 커져만 가는 금융권의 신용 경색으로 일반 기업들의 경제활동도 영향을 받기 시작했지.

다시 한번 금융권에 몰아친 폭풍

뉴센추리파이낸셜 파산 이후 잠시 소강상태에 접어들자 연준 의장이었던 벤 버냉키는 더는 금융권에 영향이 이어지지 않을 것이라며 적극적으로 대응하지 않았어. 심지어 상원 은행위원회 청문회에 참석하여, 서브프라임 모기지로 인한 손실은 최대 1000억 달러로 추산되며 미국 경제에 주는 영향은 제한적일 것이라는 의견을 전달하기도 했지. 결국 연방정부도 안심하고 공식적인 개입을 하지 않기로 했는데, 이는 큰 오판이었어. 실은 더 큰 태풍이 오기 전 잠시 숨을 돌리는 시기였다고 볼 수 있지.

얼마 후 베어스턴스Bear Stearns에 문제가 생겼어. 당시 미국의 글로벌 투자은행 중 골드만삭스, 리먼 브라더스Lehman Brothers, 메릴린치Merrill Lynch, 모건스탠리, 베어스턴스가 규모로는 다섯손가락 안에 꼽는 회사였거든. 그런데 이 중 하나였던 베어스턴스가 유동성 부족으로 2008년 3월 주택담보대출 채권의 지급불능에 빠지면서 J.P.모건체이스J.P. Morgan Chase에 자금 지원 요청을 했으나 끝내 거절당하는 일이 벌어졌어. 결국 연준과 재무부가 나섰고 여러 우여곡절 끝에 290억 달러의 손실 보전을 지원하는 조건으로 J.P.모건체이스에 베어스턴스가 매각됐어. 웬만한 나라의 전체 금융 규모보다 덩치가 큰 금융사가 하루아침에 주인이 바뀌어 버린 셈이야. 전 세계 사람들이 이를 보고 크게 놀랐어.

　　이 어수선한 와중에 주목받은 금융회사가 있었는데, 바로 리먼 브라더스였어. 리먼 브라더스는 가장 적극적으로 주택저당증권 영업에 매진한 회사였고, 이 시장의 큰손으로 자리 잡고 있었거든. 같은 해 6월에 리먼 브라더스의 2분기 실적이 발표됐는데, 무려 28억 달러의 적자를 냈다는 결과가 나왔어. 이후 리먼 브라더스의 이사회와 경영진은 극도의 보안 속에 부실해진 자사를 인수할 금융사를 찾아 나섰어. 이때 우리나라의 산업은행도 이 후보군에 들어갔었지. 사실상 산업은행과 체결 직전까지 갔으나 매매 가격의 입장 차이로 최종 불발이 되고 말았는데, 인수 불발이 발표된 다음 날 리먼 브라더스의 주가는 45% 수직 폭락하게 돼. 결국 버티다 못한 나머지 리먼 브라더스는 일주일 뒤 파산 신청을 하게 되었고 부채 규모는 자그마치 6000억 달러였어. 파산 발표 후 직원들이 회사를 떠나는 장면이 생중계되면서, 많은 사람이 깊은 충격을 받았지. 큰 상자를 들고 회사에서 쫓겨나는 직원들의 생생한 모습을 보고 나서야 이번 위기가 정말 심각하다는 걸 깨닫게 된 거야. 리먼 브라더스는 상장 폐지됐고, 회사는 여러 개로 쪼개져 일본의 노무라증권과 영국의 바클리즈에 분할 인수되며 결국 해체됐어.

　　당시 연준은 리먼 브라더스에 대한 대출 보증을 거부했는데, 이 일이 파산의 중요한 요인으로 알려졌지. 연준이 보증을 거부한 건 불필요한 세금 낭비를 막자는 당시 미국 국민의 정서를 고려한 결과이기도 했어. 그리고 연준이 구제에 관한 법적인 권한이 없다는 것도 이유였지.

더불어 이날 메릴린치도 뱅크오브아메리카에 인수된다는 소식이 전해졌어. 연쇄적인 대규모 금융사의 파산에 메릴린치도 버틸 수가 없었던 거야. 당시 메릴린치는 자본 규모 350억 달러에 40개 국가의 운용 자산만 1조 달러가 넘는 대형 투자은행이었지. 하지만 500억 달러(주당 29달러)라는 헐값에 매각이 체결돼. 이로써 미국의 5대 투자금융 회사 중 세 개가 사라지는 미국 금융사 초유의 사건이 발생한 거야.

다음 날인 9월 16일에 대형 사건이 하나 더 발생했는데, 연방정부가 '아메리칸인터내셔널그룹AIG' 지분 79%(850억 달러)를 인수하여 사실상 국유화를 진행한다고 발표한 거야. 사회 전체에 퍼진 불안감으로 금융 거래 자체가 완전히 마비됐어. 이튿날 연준은 시장을 구제할 방안을 속속 발표했고, 9월 20일에 재무부는 부실 자산 구매를 위한 공적자금 요청 법안을 의회에 제출하지. 하지만 이러한 노력에도 불구하고 9월 26일 미국 최대의 저축은행인 워싱턴뮤추얼은행Washington Mutual이 파산을 발표해. 아메리칸인터내셔널그룹의 국유화 발표 이후 불안감을 느낀 예금주들이 열흘 사이에 167억 달러에 달하는 대규모 예금 인출을 진행한 거야. 결국 이를 감당하지 못하고 저축은행이 무너진 것이지. 결국 J.P.모건체이스가 워싱턴뮤추얼은행을 19억 달러에 인수했어. 이 사건은 미국 역사상 가장 규모가 큰 은행 파산 사건으로 기록됐어. 파산 직전 워싱턴뮤추얼은행은 전국에 지점만 2200개를 거느리고 있었고 대출 금액만 3000억 달러가 넘는 상황이었거든.

도저히 끝나지 않을 것만 같은 이 사태는 9월 29일 큰 고비를 맞이해. 금융권의 부실자산을 구제하기 위한 긴급 법안인 '2008 긴급경제안정법'이 하원에서 부결된 거야. 부결된 이유는 하원의원들이 '금융권의 도덕적 해이를 세금으로 해결해 줄 수 없다'라고 주장했기 때문이었어. 하지만 그날 다우지수의 기록적인 폭락이 이어지자 결국 며칠 뒤인 10월 3일 법안이 의회를 통과하게 돼. 이로써 연방정부는 7000억 달러를 금융시장에 즉각 투입하고 부실화된 자산을 매입하기 시작했지. 결국 연방정부가 금융시장의 최대 주주로 올라선 셈이야.

금융권의 위기는 실물 경제로 옮아갔어. 2008년 11월 미국 자동차 회사의 빅3인 포드, GM, 크라이슬러 회장이 청문회장에 들어섰어. 구제 금융을 요청하기 위해서였지. 하지만 이들 회장단이 보여준 무성의한 태도와 불성실한 답변에 의회는 싸늘한 답변을 되돌려주었지. 이들이 신청한 250억 달러의 구제 금융 지원이 불발된 거야. 이 소식이 알려지자 다우지수가 다시금 바로 반응했어. 또한 번 무시무시한 폭락을 보여준 거야.

　　당시 전 세계인들은 '금융회사도 무너지고, 보험사도 망하고, 제조업까지 견디지 못하고 손을 내미는 상황'에 대한 회의를 강하게 느꼈어. 연일 부정적인 뉴스만 발표되는 상황에서 돌파구는 보이지 않았지. 누군가는 이 얽히고설킨 매듭을 빨리 풀어야만 했어. 결국 최후의 보루인 연준이 구원투수로 올라서고 본격적으로 행동에 나섰어. 2008년 11월 1차 양적 완화인 QE(Quantitative Easing)를 발표한 거야. 여기에는 5000억 달러 규모의 '주택담보대출 유동화증권MBS' 매입과 'TALF(Term Asset-Backed Securities Loan Facility)'라는 새로운 대출제도에 2000억 달러를 긴급 투입한다는 내용이 담겨 있었어.

　　이로써 양적 완화라는 단어가 미국 경제 역사에 이름을 올리게 됐지. 양적 완화란 금융시장이 불안정할 때 중앙은행이 안정화를 진행하려는 목적으로 대량의 화폐를 발행하여 일정 기준의 신용등급을 가진 채권을 대량 매입하고 통화량을 증가시키는 방법이야. 이 시기에 양적 완화는 총 세 차례에 걸쳐 시행됐고, 2013년 12월까지 진행됐어. 이후 금융위기는 점차 안정화되어 다시금 크나큰 위기를 넘길 수 있었어.

돈을 벌면 투자고 돈을 잃으면 투기다?

투자와 투기

1929년에 발생한 대공황은 금융 산업의 붕괴가 얼마나 무서운 것이고, 또 얼마나 엄청난 손실을 가져다주는지 깨닫게 해준 사건이었어. 공황의 후유증을 뼈저리게 깨달은 연방정부는 이후 경제 악화로 인한 금융 붕괴를 막기 위해 철저한 대응을 해나갔지. 그 중심에는 중앙은행인 연방준비제도가 있었어. 금융위기와 경제 공황이 발생하면 연준은 바로 행동에 나섰고, 미국 내에서 금융정책을 시행하며 유럽 국가들과 국제적 공조를 통해 공동의 노력을 기울여 나간 거야. 위기가 발생하기 전 금융 혼란을 막는 데 주력하면서 실물 경제까지 위기의 불길이 번지지 않도록 방지하는 일의 중요성을 인지하게 된 거지. 이것이 대공황을 통해 미국이 얻은 가장 중요한 교훈이었어.

하지만 대공황 이후에 여러 노력을 기울였는데도 미국에서는 금융위기가 반복적으로 발생하게 돼. 정치, 외교를 비롯한 국가 위기가 닥쳤을 때, 과거의 역사적 경험과 교훈을 떠올리고 행동에 반영하는 데는 성공할 수 있었어. 하지만 유독 금융과 경제 관련

위기는 매번 같은 형태로 문제점이 반복되고 있지. 투자와 투기의 차이를 통해 그 이유를 알아보자.

투자와 투기는 단어의 음절 하나 차이지만, 그 뜻은 완전히 달라. 사실 투자와 투기를 구분하는 기준과 경계는 다소 모호해. 인간은 누구나 돈을 욕심내지. 하지만 내가 가진 자본을 활용하여 적절한 수익을 기대하는 것이 투자라면, 오직 많은 돈을 벌기 위해 무리한 방식(과도한 부채와 빚)으로 돈을 대는 건 투기에 속해.

우리는 바로 이 투기를 경계해야 해. 투기와 떼어놓을 수 없는 역사 속 짝꿍이 금융위기와 공황이었거든. 투기로 인해 발생한 수많은 금융위기는 매번 같은 교훈을 남겼지만, 사람들은 번번이 그 의미를 잊어버리고 다시금 무모한 방식으로 투기를 하곤 했어. 이 연결고리를 끊지 못하는 이유는 인간에게 본능적인 욕심과 탐욕이 있기 때문이야. 탐욕과 욕심은 행복한 부자를 순식간에 불행한 가난뱅이로 만들어 버리기도 해.

그럼 투자와 투기를 어떻게 구별할 수 있을까? 어떤 경우에는 돈을 벌면 투자이지만 돈을 잃으면 투기가 되기도 해. 오스트리아 출신의 경제학자인 조지프 슈페터Joseph Schumpeter도 "투기와 투자는 백지 한 장 차이다. 투기는 실패한 투자를 의미하고 투자는 성공한 투기라고 볼 수 있다"라고 말했어. 이 차이가 역사적 승자를 만들기도 하고 패자를 만들기도 하지.

역사 속에 패자로 기록되지 않기 위해 우리가 취할 수 있는 가장 손쉬운 행동은 투자 원금을 보존하면서 적절한 수익을 올리는 거야. '적절한'이라는 말은 불확실한 곳에 모든 것을 투자하여 단번에 떼돈을 벌겠다는 마음을 가지지 않는다는 의미지. 결국 현명한 투자를 위해서는 공부가 필요해.

투기와 공황의 과거를 통해 인간의 본성이 어떻게 역사를 바꿔왔는지 이해하게 되면 올바른 투자를 위한 첫걸음을 뗄 수 있을 거야. 이를 통해 투기의 위험성을 경계하는 역사적 정보를 제공하는 것이 이 장의 주요 목적이야.

"우리의 가장 큰 업적은
오늘의 성과가 아니라 내일의 잠재력이다."

_헨리 포드

기술 발전

초강대국 미국을 만든
5가지 기술

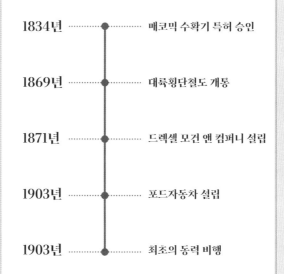

'기술 발전의 역사' 주요 사건

1834년	매코믹 수확기 특허 승인
1869년	대륙횡단철도 개통
1871년	드렉셀 모건 앤 컴퍼니 설립
1903년	포드자동차 설립
1903년	최초의 동력 비행

27

대륙횡단철도

하나로 연결된
미국 대륙

미국의 경제사에서 빠질 수 없는 부분이 철도 산업의 발전 과정이야. 미국과 같은 넓은 대륙에서는 질 좋은 상품을 만드는 것 못지 않게 원활한 운송을 통한 물류 혁신을 이루어내는 것이 중요했어. 철도의 발전이 이 부분을 해결하는 데 핵심적인 역할을 담당했지.

사실 철로를 깔고 그 위에 수레를 올려 인력이나 동물의 힘으로 이동한 것은 오래전부터 사용된 방식이었어. 광산 채굴에서 특히 많이 사용됐는데, 사람의 힘으로 무거운 석탄을 운반할 때 가장 효율적인 방법이었지. 이후 증기기관의 발명으로 이 기술을 철도와 접목하려는 많은 시도가 이어졌고, 1825년 영국의 조지 스티

1825년에 운행했던 증기 기관차

브슨George Stephenson이 증기기관을 사용한 열차를 실용화하며 철도 운송 시대가 본격적으로 개막했어.

영국에서 대대적인 철도 건설 붐이 일어나자 미국에서도 1828년 볼티모어와 오하이오 간의 철도 부설 작업이 시작됐지. 철도 산업이 드디어 첫발을 디딘 거야. 1830년 3.3km에 불과했던 철로는 1840년에는 4509km, 1850년에는 1만 4434km로 증설됐어. 순식간에 사업의 규모가 확대된 거야. 철도 운송의 증가는 기존에 없던 새로운 산업 형태를 만들어냈어. 철로 주변의 마을과 역 주변에 새로운 상권이 생겨나 인구가 늘어나는 데 한몫한 것은 물론 물류 비용이 크게 절감되면서 물건의 판매 가격이 확 내려갔지. 가격이 저렴해진 만큼 이를 사고파는 시장의 크기가 커졌고, 동시에 공급하는 규모도 전문화되고 확장됐어. 자본의 규모가 달라진 것이지.

◆── 동쪽과 서쪽을 연결하다, 대륙횡단철도 ──◆

당시 철도 산업의 최절정에 다다른 것은 미국의 동과 서를 잇는 대륙횡단철도의 개통이었어. 미국 영토는 태평양과 대서양에 닿아 있을 정도로 넓고 광활한 지역에 걸쳐 있었지만, 산업이 발전한 북동부에 비해 서부 지역은 대부분 황무지나 다름없었지. 골드러시 전까지는 개척의 손길이 닿지 않았거든. 이를 해결할 방법은 하나였어. 철도를 통해 서부 지역을 개척할 사람을 실어 나를 운송 수단을 구축하는 것이었지. 이에 더해 남북전쟁이 발발하자 병력의 이동, 우편물 수송 등 철도가 절실하게 필요해졌어. 그러자 의회는 전쟁 중이었음에도 태평양 철도법을 통과시켰어. 이 법안은 1862년 7월 1일에 링컨 대통령이 최종 서명했지.

본격적인 공사는 1863년에 시작됐고, 6년 뒤인 1869년 5월 유타주 프로먼터리 포인트에서 서쪽과 동쪽의 철도가 하나로 이어지며 완공됐어. 수많은 역경과 고난이 있었는데, 특히 당시 토목 기

대륙횡단철도 완공식

술은 대부분 사람의 힘에 의존해야 했기 때문에 어려움이 많았어.

사실상 불가능에 가까운 사업을 진행하기 위해 연방정부는 과감한 당근 정책을 펼쳤어. 막대한 자금의 손실을 염려하는 투자자를 끌어모으기 위해 철도의 공사 노선 1마일(약 1.6km)이 완공되면 철도 근처의 땅 25km²를 건설회사에 무상으로 제공했고, 공사 구간별로 1마일당 수만 달러의 건설비를 빌려주는 방식을 도입한 거야. 말 그대로 파격적인 조건이었지.

이러한 철도 사업의 시행자로 유니언 퍼시픽 철도Union Pacific

Railroad와 센트럴 퍼시픽 철도Central Pacific Railroad 두 회사가 선정됐어. 동에서 서를 연결하는 이 대규모 공사 중에 예상하지 못한 어려움과 난관이 몇 차례나 발생했고, 수많은 희생자가 나오기도 했어. 그렇지만 이 공사는 결국 계획대로 완성됐지. 대륙횡단철도는 캘리포니아주의 새크라멘토에서 네브래스카주의 오마하까지 이어져 있었고, 총길이는 2826km에 달했어.

대륙횡단철도의 완성으로 관련 철도 회사들은 돈방석에 앉았고, 이를 확인한 투자자들이 수익성 높은 철도 사업에 너도나도

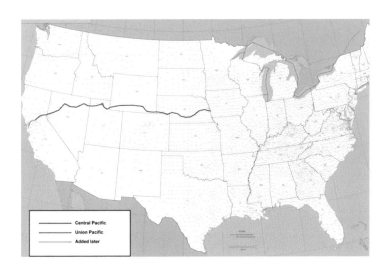

대륙횡단철도 노선

뛰어들었지. 이후 지속해서 추가적인 연결 노선이 건설됐어. 초기 대륙횡단 열차는 목재를 연료로 사용했는데 이후 석탄이 그 자리를 대체하면서 대형 기관차가 출현하게 돼. 그러면서 더 많은 사람과 화물을 운송할 수 있게 됐지. 결국 철도는 기존의 마차를 대신하는 완전한 운송 수단으로 자리를 잡았어. 대규모 운송은 물류비를 절감시켰고, 관련 사업과 경제는 과거와는 비교할 수 없을 정도로 빠르게 성장했어.

　　더구나 장거리 여행이 이전보다 엄청나게 편리해지면서 인적 교류도 활발해졌어. 열차를 타고 태평양 연안으로 사람들이 몰리면서 서부 개척이 급속도로 진행됐지. 마차로 한 달은 가야 했던 거리를 단 6일 만에 갈 수 있게 된 거야. 실질적으로 철도를 통해 미국의 동부와 서부가 연결됐지.

　　이후 철도는 하나의 산업군에서 벗어나 자본 집약적 산업으로 성장했어. 한두 사람의 노력과 돈으로 진행할 수 있는 규모를 벗어나 대규모의 자본이 필요해졌지. 건설비용을 조달하기 위해 철도 회사의 채권이 발행됐고, 이를 유통하기 위해 월스트리트의 주식과 채권 거래량도 폭발적으로 증가했어. 이러한 철도 산업의 발전은 또다시 대규모 자본을 끌어왔고, 당연히 투자자들이 모여들었어. 철도로 혜택을 누린 건 단순 투자자들만은 아니었지. 철도의 기간망을 이용해 대규모 사업을 벌인 사업가들이 더 많은 이익을 얻었어. 유명한 사업가였던 철강왕 앤드루 카네기^{Andrew Carnegie}와 스탠더드 오일의 존 데이비슨 록펠러^{John Davison Rockefeller}, 철도왕 코닐리어스 밴더빌트^{Cornelius Vanderbilt}와 금융 황제 J. P. 모건 등이 이때 수익을 냈다고 해. 철도 산업을 통해 미국의 자본 시장과 산업 시장이 동시에 성장하며 미국 경제의 발전을 이끌었어.

이렇게 대륙횡단철도에 의한 지역적 통합이 이루어지면서 연방정부가 미국 전체를 관리할 수 있는 능력을 갖추게 된 셈이야. 이후 미국의 국내총생산은 네 배 이상 커지게 돼. 또한 미국의 경제 규모는 유럽을 압도할 정도로 성장하게 됐고, 이러한 과정을 거쳐 세계 경제의 주역이 될 수 있었어.

28

금융자본주의

미국 금융의 황제
J. P. 모건

미국의 금융 역사에서 손꼽히는 인물이라고 하면 누가 가장 먼저 떠올라? 아무래도 존 피어폰트 모건, 흔히 J. P. 모건이라 부르는 사람을 떠올리게 되지.

그의 일생은 미국의 중앙은행과 깊은 연관이 있어. 공교롭게도 그는 제2미국은행의 기간이 종료된 1837년에 태어나서 지금의 중앙은행인 연방준비제도가 시작된 1913년에 로마에서 죽음을 맞이했지. 미국에 중앙은행이 존재하지 않았던 시기에 우연히 이 세상에 머물다 간 거야. 더구나 자기 능력과 영향력을 발휘해 두 번의 경제 위기(1893년, 1907년)를 모두 극복하며 중앙은행이 해야 할 일을 대신했던 사람이기도 해.

모건은 유럽의 로스차일드 가문(유대계 금융재벌 가문)처럼 수세기를 내려온 전통적인 금융가의 자손은 아니었어. 사실상 그의 아버지로부터 시작된 은행가 가문의 영광은 그의 시대에 절정을 맞이했지.

모건은 미국 코네티컷주 하트퍼드에서 태어났는데 당시 그의 집안은 상당한 부유층이었어. 그의 아버지 주니어스 모건Junius Morgan은 일찍이 미국 은행가 조지 피바디George Peabody가 1835년 런던에 설립한 '조지 피바디 앤 컴퍼니'사의 미국 지역 파트너로 일하고 있었어. 피바디는 유럽에서 홀로 미국의 은행업을 운영할 정도로 명망 있는 사람이었는데, 이런 피바디가 금융계에서 은퇴하면서 자신의 회사를 주니어스 모건에게 넘겨줬지. 주니어스 모건은 회사 이름을 J. S. 모건 앤 컴퍼니로 개명했고, 피바디가 구축해 놓은 해외 네트워크를 활용하여 회사를 미국에서 영향력 있는 국제은행으로 성장시켰어.

당시 미국은 남북전쟁 이후 산업화가 막 시작한 단계여서 자본을 원활히 공급할 만큼 금융시장의 규모가 크지 않았어. 그래서 규모가 큰 기업이나 주 정부의 재원이 필요한 경우 해외에서 자금을 조달해야 하는 일이 많았지. 이렇게 필요한 자본을 유럽에서 조달하여 공급하는 역할을 진행한 은행을 일명 '상인은행(투자은행의 전신)'이라 불렸는데 J. S. 모건 앤 컴퍼니는 이러한 상인은행의 역할을 담당하고 있었어. 아울러 외국 자본(주로 영국)에서 인기가 높았던 미국 내 철도 회사의 주식과 채권, 주 정부가 발행한 채권을 외국 투자자들에게 판매하는 역할도 맡았지. 직접적인 투자보다는 중개 거래의 성격이 강했던 거야. 존 피어폰트 모건은 1857년에 아버지가 경영하는 J. S. 모건의 런던 사무소를 통해 본격적으로 은행업계에 입문하게 돼.

이후 다양한 회사를 거쳐 충분한 경험을 쌓은 그는 1871년 필라델피아의 유명한 은행가인 앤서니 드렉셀Anthony Drexel과 합작하여 드렉셀 모건 앤 컴퍼니(이후 1895년에 J. P. 모건 앤 컴퍼니로 이름을 바꿈)를 설립하게 돼. 드렉셀 가문과 결합할 수 있었던 건 아버지의 도움이 있었기 때문이지만, 회사를 본격적으로 확장한 것은 온전히 모건의 능력이었어.

이 시기 런던에 이어 새로이 자본의 공급처로 주목받고 있던 뉴욕 월스트리트에서 모건은 자신의 역할을 확장해 나갔어. 단순한 개인 은행가의 영역을 넘어 '투자하는 은행가'의 역할을 맡기 시작한 거야. 그 출발점이 된 건 철도였어. 당시 급성장하고 있던 철도 산업에 투자한 영국과 미국 투자자들을 대신해 모건은 철도 사업의 경영에 참여하여, 과잉 중복투자와 가격 경쟁으로 이익을 거의 내지 못하고 있던 사업 체계를 교통정리하기 시작한 것이지.

당시 미국의 철도 산업은 투자된 자본에 비해 경영 방식이 선진적이지 못했어. 경영진의 부패와 사기가 만연하여 적자를 면치 못한 경우가 많아 배당을 못 하고 있었던 거야. 모건은 주주들의 힘을 이용해 철도 경영에 개입하여, 효율화를 강력히 추진함으로써 투자자들의 이익을 대변했어. 즉 무분별한 가격 경쟁으로 파산 위기에 있던 철도 회사의 경영에 뛰어들어 전문가를 통해 구조조정을 이루어낸 것이지.

이를 통해 금융 자본이 산업 자본을 지배하는 선례를 남기게 돼. 모건이 주주들을 대신하여 회사의 경영권을 지배하는 이사회의 역할을 담당했기 때문이야. 즉 금융의 힘으로 경영진을 좌지우지한 것이지.

이후 모건의 은행은 한발 더 나아가 직접 경영을 자문하고 지원하는 투자은행으로 발전하게 돼. 이 과정에서 모건은 수십 개 철도 회사의 이사 자리에 자신의 대리인을 선임해. 결국 미국 철도 산업의 3분의 1 정도가 모건의 영향력 안에 들어간 셈이야.

J. P. 모건이 투자은행가로서 활약상을 본격적으로 보여준 건 1879년 뉴욕 센트럴 철도의 주식을 매각할 때였어. 당시 미국 최대의 철도 재벌이었던 코닐리어스 밴더빌트의 사후에 그의 장남인 윌리엄 밴더빌트William Vanderbilt가 유산으로 물려받은 주식 일부를 매각하고자 모건에게 의뢰를 해온 거야. 모건은 영국의 투자자

들을 유치해 급격한 가격 하락 없이 주식을 깔끔하게 매각하는 데 성공해. 이에 더해 자신이 직접 이사 자리에 올라서 뉴욕 센트럴 철도사의 사업적 효율성을 추진했지. 그다음 해에는 노던 퍼시픽 철도 회사에 투자하고, 이사회의 자리를 확보하게 돼. 그렇게 철도 사업의 구조조정을 진행하고 비효율적인 부분을 제거하며 막대한 이익을 남겼어. 투자자들은 결과에 대만족했지. 그렇게 모건은 본격적인 명성을 얻게 돼.

모건이 단순히 철도 산업에만 참여한 것은 아니야. 유명한 발명가 토머스 에디슨의 회사인 제너럴 일렉트릭의 설립에도 참여했고, 이후 전기를 생산하는 발전소 건설에도 관여하여 다양한 산업군에 자본을 투자했지.

세계적으로 그의 명성을 알리게 된 건 1901년 철강회사인 US 스틸을 설립한 일이었어. 모건은 몇몇 중소형 철강회사들을 병합해 1898년 페더럴 철강회사를 설립했어. 이후 당시 최대 철강회사의 설립자인 앤드루 카네기를 설득하여 그의 카네기 철강회사 지분을 인수하는 데 성공했지.

추가로 록펠러가 소유한 철강업체까지 인수하여 결합함으로써 거대 철강사인 US 스틸을 출범시킨 거야. 당시 이 회사의 자본 규모는 14억 달러였는데, 세계 최초로 자본금 규모가 10억 달러를 넘은 회사였어. 시장점유율도 자그마치 65%를 넘었기에 세계

앤드루 카네기

최대의 철강회사로 불렸지. 사실상 모건이 철강 산업을 하나로 통합했다고 볼 수 있어.

이러한 과도한 트러스트trust(독점 대기업)는 시장의 독점적 위치에 올라 공정하고 정당한 경쟁을 방해한다는 의미로 비치기도 했어. 독점적 공급을 위해 여러 회사가 밀약한 카르텔은 기존에도 있었으나, 하나의 회사가 모든 것을 독점하는 트러스트는 록펠러가 스탠더드 오일을 설립한 이후 유행처럼 번져 나갔어. 당시 시대적 상황(도금 시대)을 보면, 개인의 이익을 위해 공공의 이익을 제한할 수 있다는 인식이 퍼져 있는 상황이었기에 별다른 법의 제재를 받지는 않았어. 1890년 의회에서 셔먼독점금지법Sherman Antitrust Act을 제정했지만 실제적인 법 집행은 어려운 상황이었지. 셔먼독점금지법은 상원의원 존 셔먼의 주도로 제정된 연방법이야. 특정 사업을 독점하거나 혹은 독점하려는 경우, 중범죄로 간주하여 처벌하고 더불어 엄청난 금액의 벌금을 부과하는 내용이 담겨 있지. 사실상 독점을 막기 위한 법적 예방 조치라고 할 수 있어. 하지만 1895년 미국 법무부가 셔먼독점금지법 위반 혐의로 고소한 회사와의 재판에서 패소하면서 오히려 트러스트의 숫자가 더 늘어난 게 현실이야. 그렇게 부의 쏠림 현상은 더 가속화됐지.

당시 모건은 석유 산업(록펠러의 스탠더드 오일이 가장 큰 규모였다)을 제외한 전 산업에 끼치는 영향력이 막강했어. 앞서 이야기한 것처럼 자신의 금융회사 직원을 각 기업의 이사로 파견하여 경영권에 대한 일정한 권한을 가졌기 때문이야. 사실상 금융자본주의의 시작이었지.

이러한 영향력으로 인해 금융이 산업을 지배하는 영역을 넘어, 거의 신으로 불릴 만큼 막강한 힘을 행사할 수 있었던 거야. 연방정부는 더 이상 이 사태를 두고 볼 수 없다고 판단했어. 1901년 부통령이던 시어도어 루스벨트가 대통령으로 취임하면서 본격적인 트러스트에 대한 견제가 시작됐지.

당시 산업 독점 기업으로 특정된 대표적인 회사는 록펠러의 스탠더드 오일과 모건의 노던 시큐리티스(철도 트러스트)였어. 각각 석유와 철도의 대표적인 트러스트였는데, 반독점에 대한 소송을 먼저 제기당한 것은 노던 시큐리티스였지. 결국 1902년 법원이 강제 분할 명령을 내리며 해체됐어. 아울러 1910년에는 법무부가 석유 독점 기업이었던 스탠더드 오일에 소송을 걸었고, 이 또한 1911년 34개 회사로 해체돼.

시어도어 루스벨트 대통령

이러한 상황 속에서도 모건은 1907년 미국에 닥친 경제 위기를 자신의 인맥과 자본력, 과감한 결단으로 해결해 나가. 수렁에 빠져 허우적대는 미국 금융을 구해낸 셈이지.

하지만 당시의 여론은 호의적이지 않았어. 연방정부보다 더 막강한

금융위기 당시 모건의 역할을 묘사한 그림

모건의 영향력을 두려워한 사람들은 모건을 정치적으로 견제하려 했고 결국 의회 청문회까지 열리게 돼.

　　1912년 5월부터 1913년 1월까지 아슨 푸조Arsène Pujo 의원의 주도로 시행된 '푸조위원회'에서 모건은 의원들의 집중 공격을 받았고, 이 일로 극심한 스트레스를 받은 그는 청문회를 마치고 떠난 유럽 여행에서 급격히 건강이 악화돼 1913년 이탈리아 로마에서 죽음을 맞이해.

　　그의 죽음은 개인의 명성과 역할에 의해 좌지우지되던 금융 시대가 끝났음을 상징했어. 모건의 사후에는 다시는 그와 같은 영향력을 행사하는 사람이 나타나지 못했어. 그는 귀족 자본가 시대의 대표적인 은행가였고, 미국을 주 무대로 하여 산업의 밑바탕이 된 자본을 공급한 인물이었지. 그가 남긴 자본과 명성은 지금도 J.P.모건체이스라는 이름으로 남아 월스트리트의 쟁쟁한 투자은행 중 하나로 활약하고 있어.

29

밀가루 혁명

에번스의 제분기와
매코믹의 밀 수확기

발명가이자 엔지니어, 사업가인 올리버 에번스Oliver Evans는 1755년 델라웨어주 뉴포트에서 태어났어. 그가 태어난 곳은 워낙 외진 시골이어서 사실상 정규 교육을 받는 것이 불가능했어. 하지만 에번스는 어린 시절부터 기술 관련 책을 읽는 데 많은 시간을 보냈고 특히 발명에 높은 관심을 가졌지. 이후 그는 사람의 노동력이 투입되지 않고 자동으로 운영되는 제조 공정을 설계하는 데 평생을 바쳤어. 이런 에번스의 대표작이 바로 자동화된 제분공장이었지.

1780년대 초부터 영국의 영향으로 세계에 산업화의 바람이 불기 시작했어. 미국의 제분업도 산업화의 영향을 받았지. 당시 제

올리버 에번스

분업은 밀을 수확한 후 바로 공장으로 이동시켜 오로지 사람의 노동력으로 다양한 단계를 거쳐 밀가루를 만들어냈어. 하지만 사람이 일일이 작업물을 들고 한 단계 한 단계 이동할 때마다 지저분한 이물질이 자주 섞이게 됐지. 청결하지 못한 공장 내부의 무수한 먼지와 바닥의 흙, 벌레 등이 밀가루에 섞였던 거야. 당연히 완성된 밀가루의 품질은 좋지 않았지.

위생을 생각했을 때도 해결이 꼭 필요했지만, 더 중요한 과제는 시간 단축이었어. 밀을 단기간에 수확해 빠르게 밀가루로 만들어야 했거든. 많은 물량을 빨리 처리하지 않으면 안 됐기에 최소한의 시간에 엄청난 양의 밀가루를 만들어야 했어. 그래서 질적인 부분보다는 무조건 제분하는 양이 우선시되는 상황이었어.

에번스는 이런 불편함과 낮은 품질을 개선하고자 자동화 시스템을 고안하여 적용했지. '버킷 엘리베이터bucket elevator'와 '호퍼 보이hopper boy'라 불리는 공정이었는데, 완전히 자동화된 생산 라인과도 같았어. 사람의 노동력은 최소화했고 기계 작업을 통해 더 많은 밀을 제분하는 데 성공했지. 쉽지만은 않았어. 이 발명을 사업화하는 데 7년의 세월과 많은 자금이 들었거든.

1790년 연방 특허법이 처음 도입됐을 때, 발 빠른 에번스는 미국에서 세 번째로 특허를 받는 데 성공했어. 하지만 투자금을 회수할 정도로 많은 돈을 벌지 못했어. 저작권에 대한 보상 개념이 희박한 시기였고 사람들의 의식도 부족해서 모조품과 복제품이 넘쳐났기 때문이야. 복제품을 만든 업체와의 지루한 소송 과정도 그를 힘들게 했지.

더 큰 문제는 에번스가 등록한 특허의 만료 기간이 다가오기만을 고대하는 사람이 너무 많았다는 점이야. 에번스의 발명품과 거의 유사한 복제품을 만들어 놓고 특허가 종료되기만을 기다리는 이들이 넘쳐날 정도였지. 당시 특허 기간은 승인 후 15년이었는데, 에번스는 1805년에 종료되는 그의 특허 기간이 너무 짧아 연장이 필요하다는 청원을 올렸고 제퍼슨 대통령은 이를 승인했어.

그렇게 추가로 15년의 특허 기간을 얻어냈지. 하지만 많은 이들이 불만을 드러냈고 이 결과를 납득하지 못했어. 아예 대놓고 그의 기술을 무단으로 사용하는 경우도 많았어.

1809년에는 볼티모어의 밀러 지역에서 새뮤얼 로빈슨Samuel Robinson이란 사람과 소송이 붙었어. 로빈슨은 에번스가 요구하는 로열티 2500달러가 너무 가혹하다고 주장했지. 치열한 법적 공방이 이어지면서 에번스를 동정하기보다는 그를 비방하는 세력이 압도적으로 늘어났어. 에번스가 오직 돈밖에 모른다는 악평과 비난이 쏟아진 거야. 평소 에번스는 우울증을 앓고 있었는데, 이 영향으로 법정 토론 과정에서 분노를 자주 표출했거든. 재판 방청객들은 그의 과한 언사와 행동을 보고 적대감과 실망감을 느끼게 됐어. 더구나 그의 탁월한 발명품을 보고 못마땅해하는 경쟁자도 계속 늘어났어. 로빈슨과의 소송은 적정한 합의로 마무리됐으나 에번스를 향한 사람들의 맹렬한 비난은 멈추지 않았어. 시대를 앞서간 에번스의 발명품과 업적에 비해 그의 명성이 높지 않은 데는 이러한 이유가 있었지.

하지만 그의 제분공장은 세상을 바꾸었어. 이른바 제분 혁명이라 하여 제분소의 규모를 대형화하는 데 성공했고, 수익성이 커진 기업은 공장을 더 많이 지었지. 품질이 좋아지고 가격은 낮아진 밀가루로 사람들은 이전보다 더 많은 빵을 만들었어. 더 놀라운 점은 제분 혁명이 집에서 직접 빵을 만드는 것보다 사 먹는 것이 훨씬 효율성이 높다는 사실을 사람들에게 알려줬다는 점이야. 사람들은 밀가루를 만드는 가정의 제분 노동에서 해방됐고, 다른 생산성 높은 일에 매진할 수 있었어. 나아가 전쟁 시에 흔히 발생하는 식량 부족 사태 때도 에번스의 제분공장을 이용해서 도움을 받았지.

에번스는 수십 개의 발명품을 남겼어. 과학·기술 역사가들은 그를 자동차 업계의 헨리 포드Henry Ford와 더불어 공정화된 조립 공정을 이끈 선구자로 지목하고 있어. 그의 새로운 아이디어는 1세기 후에나 실현할 수 있었는데, 대표적인 것이 고압 증기 엔진을 이용한 증기선과 변속기, 냉매 기술을 활용한 냉장고, 증기 동력 마차(최초의 자동차이자 수륙양용 차량) 등이었어. 미국의 제조 기술은 이런 놀라운 발명가로부터 시작된 거야.

↤ 사이러스 매코믹의 밀 수확기 ↦

초기 미국의 핵심 사업은 농업이었어. 아직 제조업의 성장이 본격화되지 않은 시대에 농업의 중요성은 두말할 필요도 없었지. 하지만 당시 생산성은 굉장히 낮았어.

농업 생산성은 사실상 눈에 보이지 않을 정도로 더디게 성장하고 있었어. 가장 중요한 자원이 기술이 아닌 사람의 노동력이었기 때문이야. 일하는 사람의 수를 보고 수확의 기준을 삼을 정도였다니까. 결국 농업 산업의 경쟁력은 누가 더 많은 일꾼을 동원하고 말을 얼마나 많이 소유하고 있느냐가 관건이었어. 아무리 농사를 잘 지어도 자칫 잘못하면 수확 시기를 놓쳐 농산물이 상하게 되기도 했으니까. 대규모의 토지가 있어도 인력이 한정돼 있으니 수확할 수 있는 양이 정해져 있었던 거지. 그래서 짧은 시간에 많은 사람을 집중적으로 투입하는 게 중요했어. 이런 문제점을 개선하고자 노력한 대표 주자가 바로 사이러스 매코믹Cyrus McCormick이었어.

그는 버지니아주 셰넌도어 출신이었는데, 아버지의 농장을

사이러스 매코믹

보고 밀 수확에 대해 많은 고민을 거듭했지. 당시 밀 농사의 가장 큰 걸림돌은 수확 방식이었어. 다 익은 밀을 짧은 기간 내 수확해야 했고, 한 사람이 수확할 수 있는 범위는 정해져 있었거든. 아무리 밀 농사가 잘되고 수확할 양이 많아도 일할 사람이 없으면 아

미국의 밀 농장

무 소용이 없었던 거야.

　어린 시절부터 28년간 아버지의 농장에서 일했던 매코믹은 이런 문제점을 잘 알고 있었지. 수없이 많은 밀을 죽도록 고생해서 수확했지만, 결과는 그리 좋지 않았거든. 힘만 들뿐 수확량이 증가하거나 소득이 늘어날 것이라는 개선의 여지가 보이지 않았어.

　새로운 방법을 찾기로 한 매코믹은 노예였던 조 앤더슨Jo Anderson의 도움을 받아 기존에 사용하던 수확기를 개량했어. 당시 스코틀랜드 출신의 패트릭 벨Patrick Bell이 만든 수확기 설계도에 기반을 두고 여러 기계를 참고하여 획기적으로 개선된 수확기를 만들었어. 여러 시행착오를 거쳐 마침내 1834년 6월 특허를 승인받는데 성공했지.

하지만 미국의 넓은 영토에서 하나의 표준화된 기계를 사용하는 것은 애당초 무리가 있었어. 더구나 매코믹은 인지도도 낮았고 농부들의 신뢰도 얻지 못해 수확기는 거의 팔리지 않았어. 설상가상으로 1837년 경제공황 때 동업자가 손을 털고 나가버리자 자금줄이 막힌 매코믹은 파산 직전까지 몰렸지. 가족들이 모두 달라붙어 기계의 성능도 개선하고 적극적으로 밀을 수확하는 시범도 보였지만 농부들의 마음은 전혀 움직이지 않았어. 유사 제품도 범람하면서 판매 수요는 요지부동이었지. 1840년에 그는 겨우 한 대를 팔았어. 1841년에는 아예 하나도 팔지 못했지. 하지만 끈질기게 홍보에 매달린 끝에 1844년에는 70대를 판매할 수 있었어. 그다음 해에는 더 발전된 성능의 수확기로 두 번째 특허를 받았지. 이때 극적인 사건이 발생했어.

1845년 영국이 수입 식품과 농수산물에 과다한 관세를 적용했던 옥수수 법(곡물법)을 폐지하자 저렴한 미국산 밀에 대한 수요가 폭발적으로 늘어난 거야. 매코믹은 1847년 운송이 용이한 지역인 시카고에 공장을 세우고 대량 생산을 준비했어. 더불어 영업과 마케팅에도 몰두했지. 그가 차린 회사 이름은 매코믹 수확기 제조회사였어. 농장에서 기계 작동을 시연하는 동시에 수확기 사용으로 '밀 수확의 생산성이 폭증해 농장주의 이익이 크게 늘어났다'라는 점을 적극적으로 홍보했지. 결국 입소문을 타고 판매망이 확장됐어. 매코믹은 중요한 시기(수확기)나 특별한 경우에는 판매 지역 내에 잘 훈련된 기술자를 파견하기도 했어. 신속하게 부품을 제공하고 기계를 수리하기 위해서였지. 1851년에는 영국 런던에서 열린 만국 산업제품 대박람회에 자동 수확기를 출품해 상도 받았어.

이후 1856년부터 매년 4000대 이상의 수확기를 생산했고, 대부분을 중서부와 서부에서 판매했어. 남북전쟁 시기에는 시카고에서 가장 높은 수익을 올린 회사로 이름을 알렸어.

당시 시카고의 밀(소맥) 교역량이 1861년에 3000만 부셸(과일이나 곡식의 무게를 재는 단위)에서 1863년에 6500만 부셸로 크게 늘어났는데, 그 배경에는 매코믹의 자동 수확기가 있었지.

매코믹의 수확기는 북군의 남북전쟁 승리에도 깊은 영향을 끼쳤어. 남군이 노예의 노동력에 의존하는 동안, 북군은 농업의 기계화를 통해 적은 인원으로도 곡물의 생산량을 증가시킬 수 있었던 거야. 영국은 북부의 밀 수입이 줄어들까 염려하여 대놓고 남부의 편을 들지 못했지. 남부의 면화보다는 북부의 밀을 더 소중히 여겼던 셈이야. 북군의 국방부 장관인 에드윈 스탠턴Edwin Stanton이 '매코믹의 수확기가 없었다면 북군은 이길 수 없었을 것'이라고 말했을 정도였어. 남북전쟁 중에도 농업의 기계화는 지속해서 확대됐고 수확량은 계속 늘어났지. 그렇게 북부는 많은 양의 곡물을 유럽에 수출하게 됐고 남북전쟁이 끝나고 1876년에 미국은 세계 최대의 곡물 생산국으로 올라섰어. 하나의 기계가 미국의 농업생산력을 바꿔버린 거야.

30

제조업의 폭발적 성장

콜트의 표준화와
포드의 포드주의

미국의 역사는 독립전쟁의 발발에서 시작됐다고 해도 과언이 아니야. 전쟁의 승리로 나라가 탄생한 만큼, 국가 운영에 있어 군대는 필수적인 요소라는 인식이 강했지. 전쟁 무기의 효율성에 따라 승패가 갈릴 수 있다는 교훈도 퍼져 있었어. 그리고 미국 경제의 발전에 가장 많은 영향을 준 체계는 표준화와 호환성인데, 이런 성질이 가장 최적으로 자리 잡은 조직이 바로 군대야.

군대의 운명은 사용하는 무기에 따라 승패가 뒤바뀐 경우가 많았어. 전쟁에 쓰이는 무기에서 가장 중요한 것은 호환성이었거든. 다양하고 잡다한 총기에 맞는 총알이 각기 다 다르다면, 그 부대가 패할 확률은 당연히 높겠지. 어느 부대에서나 부품 수리나 교환이 가능한 제품을 우선시하는 이유가 여기에 있어. 조면기를 만들어 남부 면화 사업을 새로이 정의한 휘트니도 무기 제작에 뛰어들어 큰돈을 벌었던 사람이야. 하지만 그는 표준화나 자동화에 공을 들인 인물은 아니야. 그는 단지 총기 생산에 주목했지.

⇜ 매일 133명을 죽이는 총이 된 남자, 콜트 ⇝

총기 생산에 실질적인 표준화와 호환 시스템을 만든 사람은 새뮤얼 콜트Samuel Colt였어. 콜트는 1814년 미국 코네티컷주 하트퍼드에서 태어났는데 그는 어린 시절 대륙군 출신인 외할아버지의 영향을

받았고, 11살 때부터 백과사전을 들여다보며 화약에 깊은 관심을 보였지. 이런 어린 시절은 평생 그가 총기 생산에 주력하게 된 동기가 됐어.

15살 때 아버지의 섬유공장에서 일을 시작한 그는 증기선 코르보Corvo를 타고 항해하던 중 우연히 배의 원형 회전 실린더를 보고 사업

새뮤얼 콜트

아이디어를 떠올렸어. 또 클러치를 사용해 배를 회전하거나 고정하는 선박의 핸들을 유심히 관찰하면서 스케치했지. 그렇게 탄생한 발명품이 재장전 없이 여러 번 발사가 가능한 리볼버Revolver 권총이야. 세계 최초의 자동권총을 디자인하고 구상해 낸 거야. 하지만 발명 초기에는 수많은 실패가 뒤따랐어.

화약을 구성하는 성분의 부족과 혼합 비율 실패 등으로 잦은 폭발이 발생한 것은 물론, 회전이 되지 않는 기기적 결함도 종종 발생했지. 자금이 부족했던 콜트는 북부 지역을 돌며 웃음 가스를 팔아 돈을 모으기도 했어. 하지만 마침내 존 피어슨John Pearson이라는 총기 제작사를 고용하여 회전 실린더를 이용한 총을 설계하는 데 성공해. 영국에서 먼저 특허를 받은 콜트는 바로 미국에서도 '콜트 패터슨Colt Paterson'이라는 회전식 소총의 특허를 승인받았어. 이후 큰 성공을 기대하며 본격적인 사업을 시작했지만 엄청난 마케팅에도 시장의 반응은 냉담했어. 1843년에는 사업을 접을 지경에 이르렀지.

하지만 극적인 반전이 일어났어. 1846년 미국-멕시코 전쟁이 발발하면서 텍사스 순찰대의 새뮤얼 워커Samuel Walker라는 대위가 콜트에게 1000개의 리볼버를 주문한 것이야.

이전에 콜트의 리볼버 성능을 몸소 체험한 워커가 전쟁이 터지자 공을 세우고 싶은 의욕으로 리볼버를 대량 주문한 거였지. 워

새뮤얼 워커

커의 선택은 틀리지 않았어. 전투 현장에서 재장전 없이 여러 번 발사가 가능했던 리볼버는 그에게 승리를 안겨주었지.

이를 계기로 입소문을 탄 리볼버 사업은 살아났고, 콜트는 대출을 받아 총기공장을 크게 확장했어. 성능을 인정받은 리볼버는 넘치는 주문 행진을 이어갔고 콜트는 부를 쌓게 됐어. 그렇게 리볼버는 서부 시대를 대표하는 물건이 됐어. 재장전 없이 여섯 발을 사격할 수 있다는 효율성은 단발 장전에 치중했던 다른 나라와의 총기 경쟁에서 우위를 가져다주었어. 참고로 현재 우리나라 경찰이 사용하는 총기도 바로 6연발 리볼버 권총이야.

콜트는 자신의 공장을 군대와 같은 규율로 관리했고 상호 교환이 가능한 부품을 사용하여 조립 공정을 단순화했어. 아울러 자동화 시스템에 적합한 특수 기계로 총신을 절단하거나 깎으며 사람의 노동력을 최소화하는 데 주력했지. 한마디로 대량 생산이 가능하게 만든 거야. 작업 과정 중 기계 공정이 80%를 차지했고, 최종 부품 조립이나 검수 등의 20% 공정만 사람이 담당했어.

규격화된 제조 공정은 대량의 리볼버가 생산된 원동력이었지. 과거에 비해 성능이 향상된 총기가 훨씬 더 저렴한 가격으로 시장에 나오자 수요는 폭발적으로 증가했어. 콜트의 사업은 대성공을 거두었고, 그가 도입한 표준화와 호환성의 시스템 방식은 이후 자동차왕 포드의 사업에도 적용됐어.

✦ 헨리 포드와 자동차 산업의 시작 ✦

"공장 근로자들이 하루 10시간씩 일하는 과거로 되돌아간다면, 이 나라 산업계는 지속 가능할 수 없을 것입니다. 사람들이 제품을 소비할 시간이 없기 때문이죠. 예를 들어 공장의 노동자가 새벽부터 저녁 늦게까지 일을 한다면, 이들이 자동차를 사용할 일이 없어집니다. 하루 여덟 시간 근무가 번영으로 가는 길을 열었듯이, 주 5일 근무는 더 큰 번영으로 가는 길을 열게 될 것입니다."

이 말은 1926년 5월, 헨리 포드가 공장의 근무시간을 주 6일에서 주 5일로 전환하면서 그 이유를 설명한 부분이야. 앞서 포드 자동차 회사는 1922년부터 미국 최초로 하루 근무 시간을 여덟 시간으로 단축해서 시행해 왔어. 공장 노동자들은 단축 근무를 크게 환영했지만, 경쟁사들은 극심히 반발했지.

하지만 포드는 반대 의견을 무시하고 4년 뒤에 주 5일 근무를 시행했고 근무 시간도 40시간으로 단축했어. 미국뿐 아니라 전 세계 최초의 시도였지. 과거에 비해 여가 시간이 늘어난 근로자들은 포드의 소망대로 더 많은 상품을 구매하고 소비할 수 있게 됐고, 미국의 산업이 성장하는 촉매제가 됐어.

포드 자동차를 설립한 헨리 포드는 1863년 미국 미시간주 디트로이트 스프링웰스의 한 농장에서 태어났어. 어린 시절부터 선물로 받은 회중시계를 분해하고 조립하는 것에 흥미를 느낀 포드는 시계수리공으로 유명세를 치르기도 했지. 갑작스러운 어머니의 죽음 이후 농장 일과 학업을 모두 포기한 그는 디트로이트에서 수습 기계공으로 일을 배우기 시작했어.

포드는 에디슨의 회사에서 기술자로 일하며 1892년에는 2기통의 4마력 모터로 구동되는 첫 번째 모터카를 만들어내기도 했지. 또 휘발유 엔진에 관해 연구했고, 에디슨의 호응을 얻어 엔진 개발에 성공하기도 했어. 이후 회사를 나온 포드는 1899년 자동차 회사를 세웠으나 낮은 품질 대비 높은 판매가 정책으로 고객들의 외면을 받았어. 결국 첫 번째 회사는 문을 닫게 됐지. 1901년 다시 회사를 차린 포드는 주위의 조롱에도 불구하고 자신이 만든 차로 자동차 경주에 출전하여 당당히 완주했어. 그가 만든 26마력 자동차의 놀라운 실력을 세상에 보여준 거야.

이후 1902년 10월 자동차 경주대회에서는 우승을 거머쥐었어. 더 많은 자본을 투자받아 기술로 승부를 걸어야 한다는 의지 아래, 자동차 속도를 높였던 전략이 적중한 거야. 얼마 후 세인트 클레어 호수의 얼음 위에서 1.6km를 39.4초(시속 146.9km) 만에 주행하는 세계 신기록을 수립했고, 단숨에 미국 전역에 포드 자동차의 인지도를 높이는 데 성공했어.

이후 포드는 자동차의 대중화를 위해 다양한 모델을 출시했는데, 가장 성공한 것은 1908년 1월에 출시한 '모델 T'였어. 이 차는 출시 당시 825달러에 판매됐으나 그 유명한 컨베이어 시스템을 도입하면서 판매가를 더 낮출 수 있었지.

모델 T는 1914년에 25만 대, 1916년에는 47만 2000대가 팔렸어. 이 시기에 모델 T의 가격은 360달러까지 떨어져 있었어. 이 모델은 1927년까지 총 1500만 대가 팔려 대성공을 거두었고 여기서 '포드주의Fordism'라는 말이 나왔지. 이는 표준화되고 일관된 작업 과정을 통해 노동자의 업무를 단순화하여 생산성을 증대시키는 방법을 뜻해.

늘어나는 주문 때문에 공장의 기능공이 부족해지자 포드는 극적인 임금 인상을 단행했어. 1914년 당시 12시간 근무에 일당 2.3 달러를 받는 숙련공을 대상으로 여덟 시간 근무에 5달러라는 파격적인 인상을 공지한 것이야. 그의 공장 앞은 취업을 원하는 이들로

포드 조립 라인 모습

인산인해를 이루었고 디트로이트로 숙련된 자동차 기능공이 몰려들었어.

그의 자동차는 더욱더 많이 팔려나갔어. 특히 시골 지역의 농장주를 비롯해 그 주변 사람들도 자동차를 구매하여 도시에서 쇼핑을 즐기는 문화가 유행으로 자리 잡았어. 시골 경제에도 순식간에 변화의 바람이 불어온 거야. 그의 자동차 산업은 이후 제너럴모터스 등 후발 주자의 폭발적인 성장을 가져왔고 미국이 '자동차왕국'이라는 이름을 얻는 데 결정적인 역할을 맡게 돼.

이후 자동차와 연관된 산업도 눈부시게 성장하면서 사실상 철도의 뒤를 이어 자동차 산업이 미국 경제를 이끄는 핵심 축이 되었어.

31

항공 우주 산업

달까지 날아간
라이트 형제

"그는 지극한 겸손과 지치지 않는 노력, 조용한 태도와 더없는 자신감으로 옳은 것을 바로 볼 줄 알았고 끊임없이 가치를 추구했다. 그는 이런 인생을 살다가 죽었다."

라이트 형제 중 한 명인 윌버 라이트Wilbur Wright가 45세의 나이로 생을 마감했을 때, 그의 아버지가 일기장에 남긴 글이야. 아버지의 글에서 라이트 형제가 살아온 인생을 짐작해 볼 수 있지.

라이트 형제는 1903년 12월에 세계 최초로 동력을 이용한 비행에 성공했어. 미국 인디애나주와 오하이오주에서 태어난 형 윌버와 동생 오빌은 노스캐롤라이나주 키티호크 근처의 킬 데블 언

라이트 형제(윌버 라이트, 오빌 라이트)

덕에서 동력 비행기 라이트 플라이어 1호를 타고 하늘로 날아올랐
어. 그리고 약 12초 동안의 짧은 비행에 성공했지.

　　인류가 오래도록 꿈꿨던 하늘을 나는 일이 가능해지면서 문
명은 빠르게 진화했어. 1908년 프랑스에는 최초의 비행학교도 설
립됐어. 그렇지만 본격적인 항공 산업은 글렌 커티스Glenn Curtiss가
세운 '커티스 비행기와 자동차'사에서 시작됐어.

←• 미국, 유럽의 비상을 따라잡다 •→

이후 라이트 형제와 커티스 사이에 특허권 분쟁이 발생하게 되는데, 두 회사의 다툼으로 기술 발전이 잠시 주춤한 사이 유럽이 잽싸게 항공 산업의 주도권을 챙겨 갔어.

영국과 프랑스는 왕족과 귀족의 전폭적인 지원을 받으며 수많은 항공대회를 개최했고, 잠재적인 인력 양성은 물론 항공 산업의 발전에 큰 노력을 기울였지. 결국 제1차 세계대전에서 비행기를 사용하면서 유럽의 항공 산업이 미국을 앞지르는 현상이 발생했어. 한번 벌어진 기술 격차는 제1차 세계대전이 끝날 때까지 이어졌어.

전쟁을 통해 급격히 성장한 유럽의 기술력은 튼튼해진 기체와 효율성 높은 엔진을 만들어냈고, 이런 우수한 기술이 비행기 개발에 적용되면서 안전하고 효율성 높은 운송 수단이 탄생한 거야. 이후에는 수많은 화물을 이전보다 쉽게 운반할 수 있게 됐고, 이를 기반으로 상업적 항공 산업의 기초가 마련됐어.

제1차 세계대전이 끝나자 유럽에서는 군인 출신의 조종사들이 쏟아지면서 민간 항공 산업이 서서히 기지개를 켜고 있었어. 미국은 이를 부러운 눈으로 바라보는 입장이었지. 이를 보다 못한 미국은 1915년 윌슨 대통령 시대에 미국 국립항공자문위원회NACA(현 NASA의 전신)를 창설해 항공 산업에 본격적인 투자를 하기 시작했어. 하지만 전쟁으로 도로가 유실되거나 파괴된 유럽에서는 항공 운송이 새로운 교통수단으로 떠올랐지만, 미국에는 촘촘한 선로와 도로가 깔려 있었지. 미국 사람들은 불편한 좌석을 견디며 낯선 이동 수단에 오르고 싶어 하지 않았어.

위기를 느낀 연방정부가 직접 나섰어. 민간업자의 '항공 우편물 취급에 관한 법(1925년 우편 항공법)'이 통과되면서 항공 운송 시장이 순식간에 확대된 거야. 민간 항공사들이 이 시장을 차지하기 위해 극한 경쟁을 벌이기 시작하면서 투자가 늘어났어. 이는 미국의 초기 항공 산업이 성장하는 결정적 계기가 됐지. 이후 1926년 상업항공법이 제정되면서 민간 여객 운송에 대한 안전 기준을 개선하고 유지하기 위한 제도와 규칙이 만들어졌어. 제1차 세계대전 이후 러시아 혁명이 일어나자 공산주의를 피해 수많은 과학자와 기술자들이 미국으로 건너오면서 항공 기술이 비약적으로 발전한 거야.

1935년에 더글러스사에서 만든 DC-3기는 쌍발 프로펠러 여객기로 '하늘을 나는 기차'라는 별명이 붙었어. 이 기체는 정부의 보조금 없이 순수한 고객 운송료만으로 이익을 낼 수 있다는 걸 보여줬어. 이 상업적 성공으로 본격적인 항공 운송의 새 장이 열렸지. DC-3는 1만 6100대(군용 포함)가 판매될 정도로 큰 성공을 거뒀어. 당연히 성능도 좋았지. 제2차 세계대전 이전에 개발된 여객기 중 아직 유일하게 현역으로 남아 일부 기체가 사용되고 있을 정도야.

이 뒤를 이어 진정한 항공 여행의 시대를 연 기체는 1969년에 도입된 보잉 747기였어. 세계 최대 여객기 시대를 연 이 모델은 점보제트Jumbo Jet라고도 불리는데 '하늘의 여왕'이란 별명을 갖고 있지. 최고 정원은 524명이며 수많은 파생 비행기를 낳았어. 이 기체는 미국의 핵심 수출품으로 자리매김했어.

보잉 747의 등장으로 미국은 전 세계를 주름잡는 국제 항공 여행의 대중화에 성공하게 돼. 아울러 대규모 항공 운송이 가능해지면서 세계 무역 성장에 큰 역할을 했어. 경제사에 한 획을 그은 비행기라고 볼 수 있지.

이 외에도 군용 항공기 분야에서는 제2차 세계대전 때 활약

보잉 747기

한 전략폭격기 B-29를 선두로 스텔스, 무인항공기, 드론을 비롯한 신형 항공기용 엔진 개발로 미국이 여전히 세계 정상을 고수하고 있어. 약 100년간 축적된 기술력으로 미국의 주력 수출 산업을 차지하고 있지. 지금은 항공 우주 산업으로 그 규모를 더 확대하여 키워나가고 있어. 저궤도를 중심으로 한 위성통신은 물론 장거리 우주 통신용 장비 부문에도 많은 투자를 하고 있거든.

미국의 기술력은 자국의 무역 규모를 늘리는 것은 물론 인류에게 생활의 편리함과 윤택함을 가져다준 원동력이 됐어.

돈을 벌 수 있다는 개인의 기대감이
불러온 국가의 발전
미국의 성공

과학과 기술의 발전은 인류의 생활을 윤택하고 편안하게 만들었어. 우리가 일상적으로 사용하는 자동차와 냉장고, 에어컨과 같은 전자 제품은 없어서는 안 될 생활용품으로 자리 잡았고, 컴퓨터와 인터넷, 모바일 기기는 우리의 의사소통 범위를을 더 광범위하게 확장했지. 그럼 이런 제품을 처음 떠올린 사람은 누구였을까? 왜 이런 물건을 만들게 됐을까?

어쩌면 이 답은 인간의 내면에 있는지도 몰라. 인류는 끊임없이 창조적 파괴를 통한 이익을 추구해 왔기 때문에 지금의 기술과 부를 얻을 수 있었어. 쉽게 이야기해서 누군가 새로운 아이디어를 시장에 내놓을 때, 이를 통해 막대한 부를 쌓을 수 있을 거라는 개인의 기대감이 사회의 발전에 긍정적인 영향을 미친다는 거야. 결국 다른 사람과의 차별화를 통해 엄청난 돈을 벌 수 있다는 개인의 믿음이 인류의 발전에 기여한 셈이지.

앞에서 언급한 창조적 파괴는 기술혁신으로 과거의 낡은 것을 무너뜨리고 새로운 것을 만들어내는 과정을 말해. 이러한 결과

물이 바로 위대한 창업자와 새로운 기업이지. 창업자와 기업이 가장 많이 나타난 시기가 바로 전쟁이 발생했던 때였어. 특히 제2차 세계대전 시기에는 수많은 발명품이 만들어졌는데, 대표적인 것이 바로 무선 레이더 기술과 최초의 진공관 컴퓨터야. 아울러 군용 통신 시스템으로 시작된 인터넷도 이때 처음 구상됐지. 이후에도 과학에 대한 지원이 꾸준히 이어져 기술 발전을 가속화하는 데 일조했어. 단 한 세기 만에 세상이 완전히 뒤집혔다고 볼 수 있지.

이에 더해 미국의 적극성과 진취적인 생각은 혁신적인 발명품을 만드는 데 핵심적인 요소가 됐어. 또 특허라는 제도의 '배타적 독점'이란 특수성을 통해 법적으로 안전하게 창업자의 권리를 보호해 주었지. 링컨 대통령의 명언 중에 "특허 제도는 천재라는 불위에 이익이라는 연료를 첨가한 것이다"라는 말이 있을 정도야. 이 제도를 활용한 대표적인 인물이 바로 백열전구를 발명한 에디슨이지. 모르는 사람이 없을 정도로 많은 발명품을 만들어낸 에디슨은 특허 제도를 이용해 수많은 발명품을 상업화하는 데 성공했어. 대표적인 발명품으로 축음기와 가정용 영사기(키네토스코프), 축전지 등이 있고.

이처럼 새로운 발명품을 만들어 돈이라는 물질로 보상을 받고, 법률적인 제도 안에서 발명품과 이익을 보호받을 수 있게 구조화된 나라가 바로 미국이었던 거야. 이 사회 구조 안에서 부와 명예를 얻는 사람이 계속 늘어나면서 미국이라는 나라가 더불어 성장한 셈이지. 유럽의 대표적 국가인 영국이나 프랑스가 기존 산업 방식이나 전통이라는 명분으로 구시대적 유물에 얽매여 있는 동안, 미국은 혁신을 통해 부단히 발명품을 쏟아냈어. 그 결과 미국은 19세기 후반부터 기술적인 측면에서 유럽의 다른 국가를 넘어섰고, 지금은 명실상부 과학기술 국가로 자리 잡았어. 이는 미국이 지닌 경쟁력의 원천이 됐지.

하지만 이런 무수한 성공의 이면에는 그보다 더 많은 실패가 존재했어. 새로운 사업에는 항상 커다란 사업적 위험이 있기 마련이야. 이런 모험을 뒷받침할 수 있었던 건 금융의 발전이 있었기 때문인데, 금융이 발전하며 혁신가들이 충분한 투자금을 마련할 수 있었거든. 그렇게 미국은 월스트리트라는 강력한 금융의 토대 위에 수많은 새로운 아이디어가 결합하여 성공이라는 방향으로 달려왔어. 이것이 미국에게 '내일의 부'를 안겨온 전략이라고 볼 수 있지.

에필로그

지금까지 여러분과 함께 부의 세계사를 훑어봤습니다. 세계 경제를 뒤흔든 결정적 사건과 인물을 확인하는 시간이었습니다.

경제 분야에서 가장 많이 언급되는 국가를 고르라고 하면, 모두가 단연 미국을 떠올릴 것입니다. 그만큼 미국은 모두의 인정을 받는 세계 최고의 경제 대국이기 때문입니다. 특히 미국의 화폐인 달러는 기축통화로, 세계적으로 어마어마한 영향력을 미치고 있습니다. 원유를 사거나 수입 대금을 지급할 때, 수출을 통해 돈을 받을 때, 대부분은 달러가 결제의 기준이 됩니다. 외화 보유액을 평가할 때도 달러를 얼마나 가졌는지로 판단하는 것이 지금의 현실입니다.

그렇다면 미국의 이러한 힘은 어디서 나왔을까요? 역사도 그리 길지 않은 미국이 어떻게 경제 대국으로 성장한 걸까요? 한 문장으로 설명하기 어려울 정도로 수많은 경제적 사건들을 거치며 미국이라는 나라는 오늘의 위치에 오르게 됐습니다. 하지만 우리는 대부분 사건을 단편적이고 파편적으로 이해하고 있습니다. 대공황이 일어났다는 점과 뉴딜 정책이 시행됐다는 사실 자체는

확실히 알고 있지만, 이 사건의 원인과 결과를 물어보면 곧장 답을 내놓지는 못합니다. 사건의 명칭을 외우기보다 역사의 흐름을 이해하는 편이 더 도움이 된다는 걸 알고 있지만, 명확한 인과관계를 말로 정리하는 일은 쉽지 않습니다. 어쩌면 우리 모두 역사를 암기하는 데 익숙해져 그런지도 모르겠습니다.

　본문을 읽으면서 느꼈겠지만, 이 책은 부의 전개를 이해하는 데 도움을 주는 역사서입니다. 제 의도대로 여러분이 이 책을 읽으며 돈의 전반적인 흐름을 이해하게 됐기를 바랍니다.

　경제 뉴스를 볼 때, 경제 이야기를 나눌 때, 갑작스러운 경제적 사건이 발생했을 때, 이 책을 읽었던 경험이 좋은 기반이 되어줄 것입니다. 과거에 대한 이해를 바탕으로 미래를 준비하고, 인과관계를 보는 눈으로 세계 경제의 흐름을 읽어낼 여러분을 응원하며 이 책을 마칩니다.

참고 자료

참고 문헌

권홍우,『99%의 롤모델』, 인물과사상사, 2010

권홍우,『부의 역사』, 인물과사상사, 2008

김태유·김대륜,『패권의 비밀』, 서울대학교출판문화원, 2017

송인창·김이한·김희재·양원호·유창연·정여진·황희정,『화폐 이야기』, 부키, 2013

양동휴,『20세기 경제사』, 일조각, 2006

양동휴,『대공황 시대』, 살림출판사, 2009

오건영,『부의 대이동』, 페이지2, 2020

오건영,『앞으로 3년 경제전쟁의 미래』, 지식노마드, 2019

유재수,『다모클레스의 칼』, 삼성경제연구소, 2015

유재수,『세계를 뒤흔든 경제 대통령들』, 삼성경제연구소, 2013

차현진,『금융 오디세이』, 인물과사상사, 2013

차현진,『숫자 없는 경제학』, 인물과사상사, 2011

최진욱·김동섭,『월가, 이렇게 쓰러졌다』, 부글북스, 2009

최우성,『동화경제사』, 인물과사상사, 2018

홍익희,『달러 이야기』, 한스미디어, 2014

홍익희,『월가 이야기』, 한스미디어, 2014

홍익희,『유대인 이야기』, 행성B잎새, 2013

홍익희,『환율전쟁 이야기』, 한스미디어, 2014

홍익희·홍기대,『화폐혁명』, 앳워크, 2018

홍춘욱,『50대 사건으로 보는 돈의 역사』, 로크미디어, 2019

홍춘욱,『7대 이슈로 보는 돈의 역사 2』, 로크미디어, 2020

홍춘욱,『돈의 역사는 되풀이 된다』, 포르체, 2021

Charles R. Geisst, 권치오 옮김,『월스트리트 100년』, 좋은책만들기, 2001

CCTV 경제 30분 팀, 류방승 옮김,『화폐전쟁, 진실과 미래』, 랜덤하우스코리아, 2011

CCTV 다큐멘터리 대국굴기 제작진, 소준섭 옮김,『강대국의 조건: 미국』, 안그라픽스, 2007

CCTV 다큐멘터리 「월스트리트」 제작진, 홍순도 옮김, 『월스트리트』, 미르북스, 2011

니얼 퍼거슨, 김선영 옮김, 『금융의 지배』, 민음사, 2010

론 처노, 노혜숙 옮김, 『금융 권력의 이동』, 플래닛, 2008

론 처노, 강남규 옮김, 『금융제국 J.P.모건 1』, 플래닛, 2007

론 처노, 강남규 옮김, 『금융제국 J.P.모건 2』, 플래닛, 2007

론 처노, 서종민·김지연 옮김, 『알렉산더 해밀턴』, arte(아르테), 2018

미야자키 마사카츠, 송은애 옮김, 『돈의 흐름으로 보는 세계사』, 한국경제신문, 2019

밀턴 프리드먼·안나 J 슈워츠, 양동휴·나원준 옮김, 『대공황, 1929~1933년』, 미지북스, 2010

쑹훙빙, 차혜정 옮김, 박한진 감수, 『화폐전쟁』, 랜덤하우스코리아, 2008

쑹훙빙, 홍순도 옮김, 박한진 감수, 『화폐전쟁 2』, 랜덤하우스코리아, 2010

쓰카구치 다다시, 송은애 옮김, 『최고의 투자자는 역사에서 돈을 번다』, 카시오페아, 2019

앨런 그린스펀·에이드리언 울드리지, 김태훈 옮김, 장경덕 감수, 『미국 자본주의의 역사』, 세종서적, 2020

왕웨이, 정영선 옮김, 『세계 역사를 뒤흔든 금융 이야기』, 평단, 2015

존 고든, 안진환·왕수민 옮김, 『부의 제국』, 황금가지, 2007

존 고든, 강남규 옮김, 『월스트리트 제국』, 참솔, 2002

존 케네스 갤브레이스, 장상환 옮김, 『갤브레이스가 들려주는 경제학의 역사』, 책벌레, 2002

존 케네스 갤브레이스, 이헌대 옮김, 『대폭락 1929』, 일리, 2008

토마 피케티, 장경덕 외 옮김, 이강국 감수, 『21세기 자본』, 글항아리, 2014

찰스 P. 킨들버거·로버트 Z. 알리버, 김홍식 옮김, 『광기, 패닉, 붕괴 금융위기의 역사』, 굿모닝북스, 2006

찰스 P. 킨들버거, 주경철 옮김, 『경제 강대국 흥망사 1500-1990』, 까치, 2004

찰스 P. 킨들버거, 박정태 옮김, 『대공황의 세계 1929-1939』, 굿모닝북스, 2018

천위루·양천, 하진이 옮김, 『금융으로 본 세계사』, 시그마북스, 2014

하노 벡·우르반 바허·마르코 헤르만, 강영옥 옮김, 『인플레이션』, 다산북스, 2017

헨리 브랜즈, 차현진 옮김, 『머니 맨』, 청림출판, 2008

도판 정보

참고 자료

Chapter 5 초강대국 미국을 만든 5가지 기술

최소한의 부의 세계사

초판 1쇄 인쇄 2024년 6월 20일
초판 1쇄 발행 2024년 6월 27일

지은이 한정엽
펴낸이 김선식

부사장 김은영
콘텐츠사업본부장 임보윤
책임편집 조은서 **책임마케터** 배한진
콘텐츠사업1팀장 성기병 **콘텐츠사업1팀** 윤유정, 문주연, 조은서
마케팅본부장 권장규 **마케팅2팀** 이고은, 배한진, 양지환 **채널2팀** 권오권
미디어홍보본부장 정명찬 **브랜드관리팀** 안지혜, 오수미, 김은지, 이소영
뉴미디어팀 김민정, 이지은, 홍수경, 서가을
크리에이티브팀 임유나, 변승주, 김화정, 장세진, 박장미, 박주현
지식교양팀 이수인, 염아라, 석찬미, 김혜원, 백지은
편집관리팀 조세현, 김호주, 백설희 **저작권팀** 한승빈, 이슬, 윤제희
재무관리팀 하미선, 윤이경, 김재경, 임혜정, 이슬기
인사총무팀 강미숙, 지석배, 김혜진, 황종원
제작관리팀 이소현, 김소영, 김진경, 최완규, 이지우, 박예찬
물류관리팀 김형기, 김선민, 주정훈, 김선진, 한유현, 전태연, 양문현, 이민운
외부스태프 표지 디자인 유어텍스트 본문 디자인 말리북

펴낸곳 다산북스 **출판등록** 2005년 12월 23일 제313-2005-00277호
주소 경기도 파주시 회동길 490
전화 02-704-1724 **팩스** 02-703-2219 **이메일** dasanbooks@dasanbooks.com
홈페이지 www.dasan.group **블로그** blog.naver.com/dasan_books
종이 신승아이엔씨 **출력** 한영문화사 **코팅 및 후가공** 평창피엔지 **제본** 한영문화사

ISBN 979-11-306-5362-4(03320)

다산북스(DASANBOOKS)는 독자 여러분의 책에 관한 아이디어와 원고 투고를 기쁜 마음으로 기다리고 있습니다.
책 출간을 원하는 아이디어가 있으신 분은 다산북스 홈페이지 '투고원고'란으로 간단한 개요와 취지, 연락처 등을 보내주세요.
머뭇거리지 말고 문을 두드리세요.